Bellinda
Tatort Forschung · Der Fluch von Troja

Ratekrimis mit Aha-Effekt
aus der Reihe Tatort Forschung:

TATORT
FORSCHUNG

Bellinda

Der Fluch von Troja

Illustrationen von Christoph Clasen

Mix
Produktgruppe aus vorbildlich
bewirtschafteten Wäldern und
anderen kontrollierten Herkünften

Zert.-Nr. GFA-COC-001223
www.fsc.org
© 1996 Forest Stewardship Council

ISBN 978-3-7855-6836-1
1. Auflage 2010
© 2010 Loewe Verlag GmbH, Bindlach
Umschlagillustration: Hauke Kock
Umschlagfoto: gettyimages/Atommodell
Printed in Germany (003)

www.loewe-verlag.de

Inhalt

Diebe! Nichts als Diebe!

„Heinrich, wir haben heute wundervolle Stücke gefunden!", rief Sophia Schliemann und kam mit schnellen Schritten auf ihren Mann zu. In ihren Händen hielt sie zwei glockenförmige Becher aus Bronze, deren Metall in der Sonne glänzte.

„Meine Überraschung für dich ist noch viel wertvoller. Sie kam heute Nachmittag mit Kapitän Tsirogamis' Schiff an", antwortete Heinrich Schliemann schmunzelnd und deutete gleichzeitig auf Nikos und Emilia, die neben ihm standen.

„Jetzt werden wir gleich geküsst", flüsterte Emilia grinsend. Sie wusste, dass ihrem Zwillingsbruder Nikos nichts so unangenehm war, wie von Tanten geküsst zu werden – auch wenn sie so hübsch waren wie Tante Sophia. Und sie behielt recht. Nikos wollte sich der Umarmung noch entziehen, aber da hatte ihm Tante Sophia bereits einen dicken Schmatz auf die Wange gedrückt. Emilia kicherte und Nikos warf ihr einen vernichtenden Blick zu, den Emilia allerdings ignorierte und ihre Tante herzlich umarmte.

„Wie schön, euch bei uns zu haben! Das werden herrliche Wochen!", freute sich Sophia. Ihre kleine

Tochter lebte in Athen und so genoss sie es sehr, dass sie sich für kurze Zeit um Nikos und Emilia kümmern durfte.

„Aber gebt auf der Ausgrabungsstätte gut acht! Die Mauern sind oft wacklig und können einstürzen, der Erdboden unter euren Füßen kann nachgeben und überall gibt es Skorpione und andere Insekten, die hochgiftig sind. Denkt außerdem daran, jeden Morgen Chinin zu nehmen. Es wird euch vor dem Sumpffieber schützen. Ich möchte nicht, dass euch etwas zustößt!", fügte Onkel Heinrich hinzu. Er sah streng zu Emilia und Nikos, um ihnen den Ernst der Lage zu verdeutlichen.

Emilia und Nikos nickten, aber kaum hatte sich Onkel Heinrich von ihnen abgewandt, um die neuen Fundstücke zu begutachten, grinsten sich die beiden

frech an. Insekten gab es auch zu Hause in Griechenland und die Ausgrabungsstätte schien wie eine einzige Abenteuerlandschaft. Und das Beste war: Sie gehörte ihnen für die nächsten Wochen! Das versprach mächtig viel Spaß!

„Ich bringe die Fundstücke zu unserer Hütte. Du könntest den beiden währenddessen unser Troja zeigen", sagte Sophia Schliemann und verabschiedete sich von ihnen mit einem strahlenden Lächeln.

Emilia und Nikos waren sofort Feuer und Flamme. Die Sonne stieg höher und brütende Hitze legte sich auf die Troas. Hatten die Arbeiter am Vormittag noch fröhlich herumgealbert, arbeiteten sie nun stumm und mit erhitzten Gesichtern. Einige häuften Erde auf Schubkarren, andere legten Mauern und Steine frei.

„Du hast aber viele Arbeiter hier", bemerkte Emilia.

„Zu wenige", seufzte Onkel Heinrich. „Viele von ihnen sind zu einem Kaufmann aus Smyrna gewechselt, der mehr Piaster bezahlt und in der Nähe nach der medizinischen Pflanze Glycyrrhiza graben lässt, um daraus Lakritzsaft zu gewinnen."

Emilia und Nikos warfen sich einen sehnsüchtigen Blick zu. Lakritz! Ihnen lief augenblicklich das Wasser im Mund zusammen. Während sie weiter den Ausgrabungshügel hinaufstiegen, fragte sich Nikos, wie viele Pflanzen man wohl benötigte, um eine wundervolle, zartbittere Lakritzstange herzustellen, und sein Magen fing an zu knurren.

„Huch, du musst ja einen Bärenhunger haben! Es ist bald Essenszeit", schmunzelte Onkel Heinrich und zeigte dann nach vorne. „Wir betreten gerade die Königsstraße. Seht nur die großen Quadersteine. Wie fein sie behauen sind! Da vor uns sind Könige und Königinnen auf das Skäische Tor zugefahren. Hier hat sich Geschichte ereignet!", fügte er flüsternd hinzu. Heinrich Schliemann schien völlig in sich versunken, während sie die breite Straße entlanggingen. Mächtige Mauern verzweigten sich neben ihnen und Nikos hatte das Gefühl, in ein Labyrinth geraten zu sein, während sie weiter auf das Skäische Tor zuliefen.

Emilia aber fiel etwas anderes auf. An den Mauern entlang der Straße hingen Christusikonen. Alle paar Schritte war eine neue Ikone angebracht, und zwar so, dass sie jedem, der hier langging, sofort ins Auge fallen mussten.

„Warum hängen hier überall Ikonen?", fragte sie schließlich neugierig.

Heinrich Schliemanns Gesicht verfinsterte sich etwas und er zog die Augenbrauen zusammen, während er antwortete: „Die Arbeiter stehlen wie die Raben. Kein Tag vergeht, an dem nicht etwas verschwindet. Sie rauben Steine aus dem Mauerwerk, um ihre eigenen Häuser damit auszubessern. Oder sie stehlen wertvolle Fundstücke, um sie einzuschmelzen und das Gold dann weiter zu verkaufen. So gehen Tag für Tag unglaubliche Werte verloren!", ärgerte er sich, deutete dann auf eine der Ikonen am Wegesrand und sprach weiter: „Die Ikonen sollen ihnen zeigen, dass Jesus Christus alles sieht. Er ist überall. Und er sieht jeden Diebstahl."

„Schreckt das die Arbeiter ab?", fragte Nikos.

Heinrich Schliemann schüttelte nur seufzend den Kopf. „Eher nicht. Leider."

Er lenkte seinen Blick auf das Skäische Tor und begann zu erzählen: „Seht nur – von diesem Tor aus sahen Priamos, die Ältesten und die schöne Helena auf die Ebene unter ihnen, während die Heere der Trojaner und der Achaier miteinander verhandelten, um einen Krieg zu verhindern."

Seine Stimme klang so ehrfurchtsvoll, dass Nikos und Emilia gleichzeitig den Atem anhielten. Fast schien es ihnen, als könnten sie die schöne Helena oben auf der Steinmauer erahnen, während sie durch das Tor auf das Königshaus zuschritten.

„Ich nenne es Königshaus, weil ich überzeugt bin, dass dieses Gebäude der Palast des Priamos war. Wir haben hier herrliche glänzend braune Vasen mit dem

16

Bild der Schutzgöttin Trojas, Athene, gefunden. Genau hier muss sich der Bauch des Trojanischen Pferdes geöffnet haben", fuhr Heinrich Schliemann gedankenverloren fort.

Nikos und Emilia kannten die Geschichte sehr gut. Odysseus hatte sich ein Geschenk für die Bewohner der Stadt ausgedacht: ein großes Pferd aus Holz – in dem sich allerdings dreißig Krieger versteckt hielten, die, sobald das Geschenk in die Stadt gebracht worden war, aus dem Bauch des Pferdes strömten und die Stadt überfielen. Sie befanden sich gerade auf dem Grund und Boden, auf dem das Trojanische Pferd gestanden hatte!

Emilia schielte aus den Augenwinkeln zu ihrem Onkel, der völlig in sich versunken die Mauern betrachtete, die sie umgaben. Sie konnten nun ein bisschen besser verstehen, warum er und Tante Sophia mit so viel Hingabe an den Ausgrabungen arbeiteten.

„In ein paar Wochen haben wir die Ausgrabungen hier abgeschlossen. Ich glaube nicht, dass wir hier noch viel finden werden. Aber genug für heute. Ich höre schon wieder Nikos' Magen knurren", sagte Onkel Heinrich und lächelte Nikos an.

Trotz Sommerbräune färbten sich seine Wangen ganz rot, während er etwas verlegen zu Boden sah. Emilia knuffte ihn lachend in die Seite. Sie beeilten sich, um so schnell wie möglich zum Haus von Onkel Heinrich zurückzukommen.

„Wie schön!", flüsterte Emilia, als sie das Holzhaus erreichten. Nikos nickte nur, bestaunte aber auch die Vasen, Becher und Krüge aus Bronze, die im Licht der untergehenden Sonne glänzten wie flüssiges Gold.

„Das ist der Fund des heutigen Tages. Vier Vasen, drei Becher, fünf Schalen, zwei Ringe, drei bronzene Armreifen und fünf Ketten", erklärte Tante Sophia, die auf der Terrasse stand und die Gegenstände dort nebeneinander aufgereiht hatte.

„Amin Effendi
wird gleich hier sein,
um die Stücke zu begutachten. Er ist ein Beamter der
türkischen Regierung. Dafür, dass wir hier graben
dürfen, müssen wir dem türkischen Staat ein Drittel
jedes Fundes aushändigen. Und Amin Effendi sorgt
dafür, dass alles seine Richtigkeit hat", sagte Onkel
Heinrich.

„Und er macht uns das Leben so richtig schwer."

Georgios Photidas war zu ihnen getreten, der Oberaufseher bei den Ausgrabungen. Seine Haut war von
der Sonne beinahe gegerbt und so strahlten seine
Zähne wie weiße Perlen aus seinem Gesicht, während
er etwas zynisch grinste.

19

Heinrich Schliemann seufzte nur und Sophia zog die Brauen zusammen, als Amin Effendi und Mehmet, sein junger Mitarbeiter, eintrafen. Beide sprachen aufgrund ihres Berufes sehr gut Griechisch, fielen aber auch oft in die türkische Sprache. Besonders, wenn Amin Effendi aufgeregt war. Und gerade jetzt schien Amin Effendi gut gelaunt, während er die Stücke begutachtete.

„Ist das wirklich alles? Oder werden mir wieder Dinge verheimlicht?", fragte er mit einem giftigen Unterton in der Stimme und seine dunklen, fast schwarzen Augen funkelten Heinrich Schliemann an. Der trat einen Schritt zur Seite, seufzte und wurde augenblicklich in einen wortreichen Disput mit dem Beamten verwickelt.

„Es sind nur fünf Ketten und drei Ringe. Das habe ich doch schon gesagt!", ereiferte sich Schliemann, aber Amin Effendi blieb der felsenfesten Überzeugung, es würde etwas fehlen, während sein Blick über die Artefakte auf der Terrasse schweifte.

Nikos betrachtete die Dinge genauer, zog Emilia am Arm zur Seite und flüsterte ihr ins Ohr: „Es fehlt wirklich etwas."

Was ist Nikos aufgefallen?

Gold!

Emilia ließ ihren Blick über die Funde schweifen. Gleich darauf stockte ihr der Atem. Nikos hatte recht! Es fehlten die drei Armreifen.

„Wir müssen Onkel Heinrich Bescheid sagen!", flüsterte sie Nikos aufgeregt zu. Der nickte nur mit dem Kopf und steuerte augenblicklich auf seinen Onkel zu, fasste ihn am Arm, konnte aber seine Aufmerksamkeit nicht erregen. Er war viel zu vertieft in seine Auseinandersetzung mit Amin Effendi.

In diesem Moment bemerkte Emilia aus dem Augenwinkel, wie sich Mehmet davonstehlen wollte. Dabei hielt er einen seiner Arme merkwürdig hinter dem Rücken angewinkelt. Emilia sah genauer hin und da entdeckte sie, dass etwas in Mehmets Hand merkwürdig aufblitzte. Die Armreifen! Mehmet war gerade dabei, die Reifen unter sein weitgeschnittenes Hemd zu stecken!

„Das ist Diebstahl!", platzte es aus ihr heraus.

Die Blicke aller Umstehenden wandten sich ihr zu und Emilia deutete aufgeregt zu Mehmet, der zusammenzuckte und die Reifen fallen ließ. Klirrend landeten sie auf der staubtrockenen Erde zu seinen Füßen.

Mehmet wirkte einen Moment fassungslos, fing sich aber rasch wieder und funkelte Emilia zornig an.

„Ich wollte die Reifen nur ansehen. Nichts weiter", stieß er hervor und sah mit festem Blick zu Amin Effendi, der kurz zu überlegen schien, ihm dann aber Glauben schenkte und grimmig nickte. „Mehmet würde niemals stehlen. Niemals!"

Heinrich Schliemann schien nicht so überzeugt. Mit skeptischem Blick nahm er die Reifen schnell an sich und legte sie wieder neben die anderen Artefakte auf der Terrasse.

„Nun, dann ist das ja geklärt. Nehmt euren Anteil. Wir wollen jetzt essen", wandte er sich an Amin Effendi. Der machte sich sofort mit Mehmet daran, alles fein säuberlich in einer Liste zu notieren, während in der Ferne ein Glockenschlag ertönte, der den Feierabend einläutete.

Einige Arbeiter spannten die Pferde aus, die die großen Karren zogen. Andere säuberten Spaten und Schubkarren und verließen die Ausgrabungsstätte. Langsam kehrte Stille auf dem Hügel ein. Nikos und Emilia aber waren immer noch aufgeregt. „Wir haben gerade einen Diebstahl vereitelt. Da bin ich ganz sicher!", flüsterte Emilia Nikos zu. Der nickte eifrig, doch in diesem Moment meldete sich sein Magen wieder. Kein Wunder, denn verlockende Düfte zogen aus dem einzigen Steinhaus, das Heinrich Schliemann hatte errichten lassen. Da es die Küche beherbergte, hatte er darauf bestanden, dass das Haus aus Stein gemauert wurde. Die Brandgefahr war ihm einfach zu hoch, wenn Mikolaos Saphyros Jannakis, der Koch und gleichzeitig auch Kassierer, in einer Bretterhütte mit offenem Feuer hantiert hätte.

Emilia mochte Mikolaos, den Koch, auf Anhieb. Seine Augen funkelten vergnügt, während er sich von den neuesten Funden berichten ließ.

Polychronios Lempesses, ein junger Künstler, der von Schliemann eingestellt worden war, um alle Artefakte genau zu skizzieren und damit zu dokumentieren, lauschte ebenso ergeben und interessiert wie Jannis Potopulos, der
unter anderem auch als Küchenhilfe arbeitete.

„Ich habe also morgen viel zu zeichnen", sagte Polychronios und in seinen Augen sah man deutlich, wie viel Spaß ihm die Zeichnerei machte.

Je weiter der Abend voranschritt, desto ausgelassener wurde auch die Stimmung. Nikos hatte sich pappsatt gegessen, konnte es aber nicht lassen, noch von dem Honigkuchen zu naschen.

„Wie viel passt eigentlich in dich hinein, Junge?", fragte Jannis schließlich schmunzelnd. Nikos lief einmal mehr rot an, stopfte sich aber schnell noch den letzten Bissen in den Mund. Jannis lachte herzhaft auf und die anderen fielen ein. Nikos beschloss, sich in den nächsten Tagen beim Essen etwas mehr zurückzuhalten, ahnte aber, dass dieser Entschluss nicht leicht umzusetzen sein würde.

Während Jannis schließlich Witze erzählte und sie alle erheiterte, hatte sich Heinrich Schliemann bereits an seine Aufzeichnungen gesetzt. Still und sehr konzentriert notierte er genau, wie die Arbeiten an diesem Tag vorangegangen waren. So bemerkte er auch nicht, wie sich Kapitän Tsirogamis als Erster verabschiedete. Der große hagere Mann war Emilia bereits auf der Überfahrt als sehr in sich gekehrt aufgefallen. Er lachte nur selten, schien immer in Gedanken, war aber ansonsten sehr höflich und freundlich. Mit einem knappen Kopfnicken ging er in die Schlafkammer, die für die Männer direkt neben der Küche angebaut worden war.

Nur wenig später konnte auch Emilia ein Gähnen nicht unterdrücken und Nikos stellte fest, dass zu viel Auberginenpaste, Brot, Oliven und Honigkuchen ziemlich müde machen konnten.

Sophia Schliemann warf ihnen einen zärtlichen Blick zu und schickte sie schließlich zu Bett. Nachdem sich Nikos heimlich den Gutenachtkuss von der Backe gewischt hatte, hielt er kurz inne und lauschte in die Nacht hinein.

„Es sind merkwürdige Geräusche hier, nicht wahr?", flüsterte er seiner Schwester zu, die es sich schon zwischen den Laken bequem gemacht hatte. Frösche quakten um die Wette, eine Eule stieß einen schaurigen Schrei aus und aus den Sümpfen hörte man die Rufe der Kröten.

„Ein bisschen gruselig, finde ich", flüsterte Emilia. Eine Sekunde später war sie aber schon eingeschlafen. Nikos aber fiel in einen unruhigen Traum, sodass er am nächsten Morgen das Gefühl hatte, überhaupt nicht geschlafen zu haben.

Am nächsten Morgen beim Frühstück hatte Nikos Mühe, seine Augen offen zu halten. Die lange Reise, all die neuen Dinge und natürlich der vereitelte Diebstahl hatten ihn doch angestrengt. Ein Grund mehr, ein weiteres dampfend heißes, frisches Brötchen zu nehmen und herzhaft hineinzubeißen.

„Ich sehe, du bist schon wieder bei der Arbeit!"

Jannis setzte sich lachend zu ihnen an den Tisch und griff seinerseits ebenfalls nach Brot und Honig.

„Und – was habt ihr euch für heute vorgenommen?", fragte Heinrich Schliemann, der gerade zur Tür hereinkam. Seine Wangen waren gerötet und seine Haare noch nass, da er wie jeden Morgen schwimmen gegangen war.

„Wir möchten dich bei der Ausgrabung begleiten!", schlug Emilia vor. Nikos war mit einem Schlag hellwach.

Sophia Schliemann lachte hell auf, aber ihr Mann sah nicht besonders begeistert aus.

„An der Ausgrabungsstätte ist es sehr gefährlich – manchmal stürzen sogar Mauern ein. So etwas ist nichts für Kinder!", sagte er schließlich.

„Wir passen schon auf", versuchte Emilia ihn zu beschwichtigen und warf erst ihm, dann ihrer Tante einen bettelnden Blick zu, von dem sie wusste, dass er eigentlich immer funktionierte ... und auch diesmal! Nur wenig später durften sie, mit kleinen Schaufeln bewaffnet, Onkel und Tante zur Ausgrabungsstätte begleiten. Direkt am Königshaus!

„Bleibt etwas zurück. Die Festungsmauer ruht auf roter harter Asche und ich habe Angst, dass die Mauer auf uns stürzen könnte", erklärte Heinrich Schliemann Emilia und Nikos, die fasziniert Onkel und Tante dabei zusahen, wie sie vorsichtig mit Messern an den Steinen kratzten, um mögliche Funde freizulegen und sie dabei nicht zu beschädigen.

Plötzlich stockte Heinrich Schliemann. Er war auf etwas gestoßen!

„Was ist das? Bronze?", flüsterte seine Frau.

Er beugte sich vor, sah genauer hin und stieß aufgeregt hervor: „Gold! Das ist Gold!"

Sophia kniete sich augenblicklich neben ihn und Emilia und Nikos mussten arg an sich halten, um nicht ebenfalls zu ihm zu laufen. Er hatte Gold gefunden? Emilia sah verwirrt zu Nikos.

„Ja, es ist Gold! Schnell, Sophia – schick die Arbeiter in die Pause. Sie dürfen nicht erfahren, was wir hier gefunden haben!"

Sophia Schliemann eilte weg und aus der Ferne konnten Emilia und Nikos ihren Ruf hören: „Paidos! Paidos!"

Mehr als erfreut legten die Arbeiter ihre Spaten und Schaufeln zur Seite, suchten schattige Plätze auf und gönnten sich ihre Pause, ohne weiter auf Heinrich und Sophia Schliemann zu achten.

„Ich berge den Schatz. Ihr bringt ihn ins Haus. Achtet darauf, dass euch niemand sieht!", flüsterte Heinrich Schliemann und machte sich dann daran, die goldenen Gegenstände vorsichtig aus ihrem jahrhundertealten Versteck zu befreien.

Sophia hingegen umhüllte die Artefakte mit dem Saum ihres Kleides. Emilia und Nikos taten es ihr gleich und eilten dann so unauffällig wie möglich zum Holzhaus.

Emilia wusste bald nicht mehr, wie oft sie hin und her liefen und was sie an wundervollen Dingen ins Haus brachten – der Schatz schien unermesslich. Tante Sophia befahl ihnen, im Haus zu bleiben, während sie noch einmal zu ihrem Mann eilte.

Nikos strich mit seinen Händen über die goldenen Ketten, Ringe und Reifen. Er wollte gerade etwas sagen, als ihm Emilia bedeutete, ganz still zu sein. Schnell wie eine Maus huschte sie zur Tür und sah gerade noch, wie jemand um die Ecke des Hauses bog. Im Gegenlicht der Sonne konnte sie nicht sofort erkennen, wer es war.

„Wir sind beobachtet worden!", sagte sie entsetzt und fügte hinzu: „Und ich weiß auch, von wem."

? *Wen hat Emilia erkannt?*

Geheimnisse

„Mehmet hat beteuert, dass er nichts stehlen wollte, und Amin Effendi hat ihm geglaubt. Amin Effendi ist ein gesetzestreuer Mann! Er würde niemals einen Dieb bei sich dulden, nicht wahr?", mutmaßte Emilia.

„Vielleicht hat er uns überhaupt nicht beobachtet, sondern war nur zufällig beim Haus?", warf Nikos ein.

Emilia schüttelte den Kopf und kaute nachdenklich auf ihrer Unterlippe, bevor sie antwortete.

„Nein. Ich habe ihn von der Terrasse laufen sehen. Er hat ganz sicher durch das Fenster spioniert!"

„Dann sollten wir Onkel Heinrich davon berichten", beschloss Nikos und machte sich auf den Weg zu ihm. Emilia blieb im Haus, um ganz sicherzugehen, dass niemand eindrang und den Schatz entdeckte.

Als Nikos in den Graben sprang, in dem der Schatz gefunden worden war, schrak sein Onkel hoch und Tante Sophia ließ beinahe eine Handvoll Ketten und Goldringe fallen.

„Hast du uns erschreckt!", flüsterte sie völlig überflüssigerweise. „Wir werden noch den ganzen Tag benötigen, um diesen riesigen Schatz zu bergen!", fügte sie dann hinzu. Nikos wollte eben auf Mehmet zu sprechen kommen, als der Onkel bereits wieder völlig in sich versunken an die weitere Ausgrabung ging. Mit ihm war ganz augenscheinlich gerade nicht zu reden, stellte Nikos fest.

„Könntet ihr ein Auge auf Amin Effendi haben? Ich möchte nicht, dass er hier herumschnüffelt", sagte Tante Sophia, während sie weiteren Schmuck in den Saum ihres Kleides wickelte.

Nikos war sich nicht sicher, ob es richtig war, Onkel Heinrich nicht von Mehmet zu erzählen, sah aber ein, dass es im Moment wichtiger war, Amin Effendi sowohl von der Ausgrabung als auch vom Haus fernzuhalten. Also eilte er zu Emilia zurück, die noch immer in der Kammer saß und mit Argusaugen von der Tür zum Fenster und wieder zurück zur Tür schielte.

Nikos erzählte ihr von seinem Auftrag. Schließlich beschlossen sie, dass Nikos Amin Effendi ablenken würde, während Emilia weiter Wache halten sollte. Nikos machte sich entschlossen auf den Weg und fand für den Rest des Tages immer neue Fragen, mit denen er Amin Effendi behelligte. Wohin die Artefakte in der Türkei gebracht wurden. Ob man sie ausstellen würde. Wie er seine Listen erstellte. Und noch vieles mehr.

„Junge, du fragst zu viel und hältst mich von der Arbeit ab!", schimpfte Amin Effendi schließlich, als sich der Tag bereits dem Ende zuneigte. Die letzten Sonnenstrahlen fielen über die Ebene und Nikos sah, dass Tante Sophia ihm zuwinkte. Erleichtert, seine Aufgabe endlich beendet zu haben, verabschiedete er sich von Amin Effendi und ging Richtung Haus. Amin Effendi sah ihm kopfschüttelnd hinterher. Hoffentlich ahnte er nichts!

Nikos sauste zur Tür hinein und bemerkte, dass auch Emilia ziemlich erleichtert aussah, dass sie nicht mehr Wache schieben musste. Heinrich Schliemann bestaunte überwältigt den Schatz und setzte seiner Frau das schönste Stück auf. Es war eine große, filigran gearbeitete Krone von ungeheurer Schönheit.

„Du siehst aus wie die schöne Helena", flüsterte er verzückt. Sophia Schliemann wurde rot, nahm die Krone wieder ab und stellte sie zu den anderen Fundstücken.

„Wir müssen noch jemanden einweihen. Alleine können wir den Schatz nicht verstecken", sagte sie schließlich. „Wir brauchen Hilfe."

„Und dann müssen wir ihn außer Landes bringen. Der Schatz darf nicht auseinandergerissen werden. Die Stücke müssen zusammenbleiben. Deshalb darf Amin Effendi unter keinen Umständen etwas davon erfahren", fügte Heinrich Schliemann hinzu.

„Ich denke, Polychronios Lempesses, Kapitän Tsirogamis und Georgios Photidas sollen davon erfahren. Jannis möchte ich einstweilen nichts davon erzählen. Er ist zu schwatzhaft", beschloss seine Frau und eilte aus dem Haus, um die Männer zu holen.

Als sie mit ihnen zurückkam, staunten diese nicht schlecht. Polychronios sank auf die Knie und starrte mit aufgerissenen Augen auf das glänzende Gold. Georgios pfiff durch die Zähne und Kapitän Tsirogamis sah mit unbewegtem Gesicht auf den Fund.

„Es ist wichtig, dass alles genau katalogisiert wird", sagte Heinrich Schliemann schließlich. Polychronios nickte nur stumm und machte sich dann gleich daran, erste Skizzen anzufertigen. Die Krone wollte er selbstverständlich zuerst auf Papier festhalten.

„Sie ist so wunderschön", flüsterte er, nahm Papier und Kohlestift zur Hand und machte sich ans Werk.

Kapitän Tsirogamis heckte mit Georgios erste Pläne aus, wie man den Schatz vom Lager auf sein Schiff schaffen konnte, und Heinrich Schliemann sinnierte darüber, welchem Land er den Schatz vermachen wollte. Seine Frau hingegen machte sich praktische Gedanken. Der Schatz musste versteckt werden.

„Am besten unter dem Bett. Da ist er gut aufgehoben", entschied sie schließlich und machte sich gemeinsam mit Nikos und Emilia daran, die Krone zu verpacken und dann zwischen den Kisten, die unter dem Bett aufbewahrt wurden, zu verstecken. Als sie mit ihrer Arbeit fertig waren, hatte Polychronios die ersten Skizzen bereits fertig. Die Krone war detailgetreu abgebildet und raubte Emilia selbst auf dem Papier noch den Atem.

„Die Skizzen werde ich in einer Holzkiste aufbewahren, die wir auch unter dem Bett verstecken. Niemand darf davon erfahren!", mahnte Heinrich Schliemann, bevor sie allesamt müde und erschöpft, aber überglücklich in ihre Betten fielen.

Der nächste Tag verlief beinahe so aufregend wie der Tag zuvor. Schliemann arbeitete wie besessen an seinem Fund und war mittlerweile überzeugt davon, den Schatz des Priamos gefunden zu haben. Seine Frau gab ihm recht und schien ebenso ergriffen wie er.

„Die Welt wird vor Begeisterung außer sich sein!", flüsterte sie ein ums andere Mal und eilte dann wieder zur Ausgrabung, um zu kontrollieren, ob wirklich alle Schätze schon geborgen waren. Amin Effendi schlich die ganze Zeit misstrauisch um das Haus herum, aber Georgios fand immer neue Ausreden, um ihn wieder abzulenken.

Nikos und Emilia sahen Polychronios über die Schulter und bestaunten seine Arbeit.

„Fertig. Die hier könnt ihr zu den anderen Skizzen legen", sagte er schließlich und reichte ihnen das Blatt.

Nikos zog die Holzkiste unter dem Bett hervor, öffnete sie und besah sich die Zeichnungen.

„Die Skizze der Krone fehlt!", sagte er plötzlich.

Emilia kniete sich zu ihm und wühlte vorsichtig in der Kiste.

„Stimmt. Die Skizze ist weg", bestätigte sie. „Hast du sie herausgenommen?", fragte sie Polychronios, aber der verneinte stirnrunzelnd und begann dann, auf dem Tisch in seinen Papieren zu suchen.

Nikos zog Emilia mit sich hinaus auf die Terrasse.

„Denkst du das Gleiche wie ich?", fragte er.

Emilia nickte.

„Was, wenn doch jemand von dem Schatz erfahren hat? Und was, wenn dieser Jemand die Skizze gestohlen hat, um sie einem Käufer zu zeigen?"

„Und dann will er die Krone selbst stehlen", führte Nikos ihren Gedankengang zu Ende.

Sie sahen sich kurz an und riefen dann gleichzeitig aus: „Mehmet!"

„Er hat uns beobachtet und dann Amin Effendi von dem Schatz berichtet. Die türkische Regierung will den Schatz mit Sicherheit auch haben. Und um zu beweisen, dass es ihn gibt, brauchte er die Skizze!", flüsterte Nikos.

„Wir müssen Onkel Heinrich einweihen. Er muss endlich erfahren, was wir wissen!", antwortete Emilia ernst.

„Aber erst möchte ich sehen, wo Mehmet gerade ist", sagte Nikos und seine Augen funkelten abenteuerlustig. Vielleicht konnten sie Beweise sammeln, bevor sie zu Onkel Heinrich gingen? Emilia grinste ihn an. Wie so oft verstanden sich die Zwillinge auch ohne Worte.

Die Suche nach Mehmet erwies sich als nicht weiter schwierig. Sie fanden ihn nur wenig später im Steinhaus am Küchentisch sitzend. Er brach gerade eine Brotkugel und tunkte sie in Sesamöl, als die beiden zur Tür hereinplatzten. Mehmet zog etwas genervt seinen Schlapphut tiefer ins Gesicht und vertiefte sich wieder in sein Essen.

„Na, du kannst doch nicht schon wieder Hunger haben? Du hast heute Morgen mehr verschlungen als manch einer der Arbeiter in drei Tagen!", lachte Jannis vom Herd. Er war gerade dabei, Pfannkuchen zu wenden, und konzentrierte sich gleich wieder auf seine Arbeit. Nikos wollte gerade eine Frage an Mehmet richten, als sich dieser abrupt erhob, seinen Teller an den Spülstein stellte und nach draußen eilte.

„War wohl erst mal nichts", murmelte Emilia.

Aber Nikos' Blick fiel auf etwas Weißes am Boden. Ein Papierschnipsel! Geschwind steckte er ihn ein und zog Emilia mit sich nach draußen.

Konzentriert las Nikos, was auf dem Zettel stand, bevor er ihn Emilia entgegenstreckte.

„Eine Geheimbotschaft!", flüsterte er aufgeregt.

? *Was steht auf dem Zettel?*

Wem kann
man trauen?

„Die Krone ist ein Vermögen wert", las Nikos leise vor, nachdem sie die geheime Botschaft entschlüsselt hatten. Mit großen Augen sah er hoch. Emilia stemmte entschlossen ihre Arme in die Seiten.

„Mir wird das jetzt zu heiß. Wir müssen zu Onkel Heinrich!"

Gemeinsam machten sie sich auf die Suche nach ihm und fanden ihn bei einer Gruppe Arbeiter, die aufgeregt auf einen Fund zu ihren Füßen deutete. Heinrich Schliemann kniete eben nieder und nahm eine Urne zur Hand. Vorsichtig schüttete er den Inhalt auf die staubtrockene Erde.

„Was ist das?", fragte Emilia und beugte sich zu ihrem Onkel.

„Schlangenhörner", erklärte er. „Sie gelten als mächtige Glücksbringer. Die Menschen hier glauben, durch bloße Berührung könnten die Schlangenhörner Krankheiten heilen. Und wenn man sie in Milch taucht, verwandeln sie die Milch augenblicklich in Käse. Was natürlich Unsinn ist. Aberglaube. Aber sie sind nicht davon abzubringen."

Wie zur Bestätigung begannen die Arbeiter eine wilde Diskussion. Jeder von ihnen wollte ein Horn haben, ansonsten würden sie nicht weiterarbeiten.

„Die Hörner sind Funde und dürfen nicht an die Arbeiter verschenkt werden!", mischte sich Amin Effendi ein, der eben zu ihnen trat und mit einem Blick die Situation erfasst hatte.

Heinrich Schliemann seufzte, erhob sich und sagte, während er sich Staub von den Knien klopfte: „Es ist besser, wenn wir die Arbeiter nicht verärgern. Wir haben ohnehin schon zu wenig Männer."

Amin Effendi wollte noch etwas einwerfen, aber Heinrich Schliemann wandte sich einfach ab, sammelte die Schlangenhörner auf und verteilte sie unter den Männern.

Jannis sah ihn mit leuchtenden Augen an, als er schließlich auch eines der Hörner bekam.

„Man kann ja nie wissen, ob nicht doch ein Körnchen Wahrheit dahintersteckt", flüsterte er und betrachtete sein Schlangenhorn. Es war sehr auffällig und seltsam gekrümmt, erkannte Nikos.

„Meine Güte, ich wusste nicht, wie abergläubisch du bist, Jannis", lachte Schliemann und stellte erleichtert fest, dass sich die Aufregung der Arbeiter gelegt hatte und sie wieder an ihre Arbeit gingen. Amin Effendi zog wutschnaubend davon und Jannis ging glückselig wieder in die Küche zurück. Emilia packte die Gelegenheit beim Schopf, endlich mit Onkel Heinrich sprechen zu können.

„Die Skizze der Krone ist verschwunden. Sie ist einfach weg!", erklärte sie.

„Wahrscheinlich hat sie jemand gestohlen", fügte Nikos hinzu.

„Und irgendjemand hat uns belauscht. An dem Tag, als du den Schatz gefunden hast. Wir sind uns da ganz sicher", ergänzte Emilia.

Heinrich Schliemann zog eine Braue hoch und hörte aufmerksam zu. Schließlich sagte er: „Wir werden Polychronios noch einmal fragen. Vielleicht hat er die Skizze ja bereits wiedergefunden."

„Nein, ich habe sie ganz sicher in die Holztruhe gelegt und dann nicht mehr herausgenommen", beteuerte Polychronios, der über neue Skizzen gebeugt am Schreibtisch saß.

„Aber ich habe bereits eine neue Skizze angefertigt. Die Krone ist unfassbar schön und mit Sicherheit der wertvollste Fund überhaupt", fügte er hinzu.

„Deshalb brauchen wir ein sicheres Versteck für sie", sagte Sophia Schliemann, die inzwischen von der verschwundenen Skizze erfahren hatte und darüber mehr als besorgt war.

Stirnrunzelnd suchte Schliemann mit den Augen den Raum nach einem Versteck ab.

Polychronios meinte schließlich: „Im Kamin. Wir verstecken sie direkt im Kamin und schichten etwas Holz auf. Dann sieht man die Krone nicht und niemand wird einfach so im Holz herumstochern."

Diesen Vorschlag fanden alle gut und Polychronios machte sich auf den Weg, Holz zu holen, während Sophia die Krone sorgfältig in ein Tuch schlug.

Nikos ging auf die Terrasse, um nachzusehen, wo Polychronios mit dem Holz blieb, und nahm aus dem Augenwinkel eine Bewegung wahr. Da war jemand am Fenster gewesen!

Aufgeregt winkte er Emilia zu sich.

„Wir wurden schon wieder belauscht!"

„Hast du gesehen, wer es war?"

Nikos schüttelte den Kopf. Viel mehr als einen Schatten hatte er so schnell nicht erkennen können. Er nagte nachdenklich auf seiner Unterlippe und sagte schließlich: „Vielleicht Mehmet? Im Auftrag von Amin Effendi? Der ist schließlich ziemlich sauer gewesen wegen der Schlangenhörner."

„Dann lass uns einfach mal nachsehen, wo Mehmet steckt!"

„Wir kommen gleich wieder!", rief Nikos seiner Tante zu und rannte Emilia hinterher. Sie suchten die ganze Ausgrabungsstätte ab und sahen sogar im Zelt von Amin Effendi nach, aber Mehmet blieb unauffindbar. Schließlich war nur noch die Küche übrig und hier wurden sie fündig. Mehmet saß wie gestern am Küchentisch beim Essen und schien in sich versunken, während einige der Arbeiter um ihn herum hungrig ihr Essen in sich hineinschlangen. Jannis flachste am Herd herum und erzählte Witze, die einen der Arbeiter so heftig zum Lachen brachten, dass er sich an seinem Brot verschluckte.

„Was führt euch hierher? Schon wieder Hunger?", fragte Jannis schließlich an Nikos gewandt und zwinkerte ihm fröhlich zu.

„Nein, wir suchen etwas", druckste Nikos etwas unschlüssig herum. Er war sich nicht sicher, wie sie Mehmet am geschicktesten aushorchen konnten.

Jannis zog fragend die Brauen hoch.

„Und wir dachten, Mehmet wüsste vielleicht, wo es ist", sagte Emilia ebenso zögerlich.

Mehmet sah hoch und warf ihnen einen übellaunigen Blick zu.

„Na, ich glaube nicht, dass ihr hier fündig werdet", meinte Jannis, verschränkte seine Arme vor der Brust und schnaubte etwas höhnisch auf, bevor er weitersprach. „Polychronios ist ein verwirrter junger Mann. Er hat schon manchmal Skizzen verlegt und nicht wiedergefunden. Keine Ahnung, warum Schliemann ihn überhaupt beschäftigt."

Mit diesen Worten wandte er sich wieder dem Herd zu. Mehmet funkelte sie noch einmal mit bösem Blick

an und widmete seine Aufmerksamkeit dann wieder
ganz dem Teller vor sich. Emilia aber sah erstaunt zu
Jannis und dann zu Nikos.

? *Was macht die beiden stutzig?*

Eine Katastrophe

Ein Blick zu ihrem Zwillingsbruder reichte und Emilia war klar, dass Nikos genau das Gleiche dachte: Woher wusste Jannis, wonach sie suchten? Sie hatten nichts davon erwähnt!

Die Arbeiter erhoben sich, räumten ihre Teller in den Spülstein und gingen wieder nach draußen an ihre Arbeiten. Mehmet tat es ihnen gleich und zwängte sich an Nikos und Emilia zur Tür hinaus. Jannis hingegen stand pfeifend am Herd und polierte mit einem Tuch die Messinggriffe der Ofenklappe.

Während Emilia noch grübelte, woher Jannis gewusst haben konnte, was sie suchten, fasste sich Nikos ein Herz, steuerte geradewegs auf Jannis zu und fragte frei heraus: „Woher wusstest du, dass wir eine Skizze suchen?"

„Ganz einfach, weil er dauernd eine Skizze verlegt oder verliert. Amin Effendi treibt er damit noch in den Wahnsinn", antwortete Jannis harmlos und zuckte mit der Schulter. Schließlich steckte er sich das Poliertuch in den Gürtel und begann, den Holztisch mit einem nassen Tuch zu wischen, ohne weiter auf Nikos und Emilia zu achten.

Etwas unschlüssig schlenderten die beiden nach draußen.

„Sollen wir ihm glauben?",
fragte Nikos schließlich und
blinzelte dabei in das gleißende
Licht der Mittagssonne.

Emilia stupste mit ihrer
Schuhspitze kleine
Steine aus dem
Weg und brü-
tete wortlos
vor sich hin,
ehe sie ant-
wortete.

„Ich weiß nicht. Jannis gehört zu Onkel Heinrichs
engsten Mitarbeitern. Und Mikolaos vertraut ihm völlig. Ich glaube, Jannis hat wirklich einfach nur sofort
an die Skizzen gedacht, weil Polychronios da etwas
unachtsam ist. Schließlich ist er Künstler. Die sind
manchmal etwas schusselig. Sagt Onkel Heinrich
auch immer", meinte sie schließlich.

Nikos nickte nachdenklich. So ganz überzeugt war
er noch nicht, aber andererseits mochte er Jannis sehr
gerne. Im Gegensatz zu Mehmet war er stets gut gelaunt und immer nett zu ihnen. Ja, Emilia hatte be-

stimmt recht. Jannis hatte sich nichts dabei gedacht und wie üblich einfach vor sich hin geplappert.

Den Rest des Tages stöberten sie auf dem Ausgrabungshügel herum. Immer wieder wurden sie von Onkel Heinrich ermahnt, nur bloß achtzugeben, in keine Grube zu fallen und sich vom Mauerwerk fernzuhalten. Er selbst war wieder am Skäischen Tor und am Königshaus beschäftigt, um zu kontrollieren, dass auch nichts von dem Schatz übersehen worden war.

Als sich schließlich die Nacht über die Troas senkte und all die unheimlichen Geräusche mit sich brachte, die Nikos und Emilia nun schon so gut kannten, lagen die beiden in ihren Betten und waren keinen Schritt weitergekommen. Die Skizze war unauffindbar und die Frage, wer sie gestohlen hatte, war immer noch unbeantwortet.

Aber ihre Grübeleien führten sie zu keinem Ergebnis und so fielen sie, begleitet von den Rufen der Eulen und Kröten, in einen unruhigen Schlaf, der dazu führte, dass sie am nächsten Morgen etwas müde über die Ausgrabungsstätte liefen - immer noch auf der Suche nach möglichen Beweisen. Nikos wollte gerade gähnend bemerken, dass er noch etwas zu essen vertragen könnte, als er von einem hohen Schrei unterbrochen wurde.

„Das war Tante Sophia!", rief Emilia entsetzt, sah kurz um sich, bemerkte dann, dass Onkel und Tante aufgeregt auf der Terrasse ihres Hauses standen, und lief los. Nikos folgte ihr auf den Fersen. Er nahm die drei Stufen zur Terrasse mit einem Satz und sah neugierig und gleichzeitig besorgt zu Onkel Heinrich. Der war kreidebleich im Gesicht und scheuchte sie mit einer knappen Handbewegung ins Haus.

Durch den Schrei aufmerksam gemacht, sahen einige Arbeiter neugierig zu ihnen herüber, aber Heinrich Schliemann winkte nur ab: „Es ist alles in Ordnung. Macht weiter."

Kapitän Tsirogamis, Polychronios und Photidas eilten herbei und Schliemann ließ sie rasch ein, bevor er die Tür sorgfältig hinter ihnen verschloss. Alle Augen waren auf ihn gerichtet, nur seine Frau hatte ihr Gesicht tief in den Händen vergraben.

„Die Krone wurde gestohlen", flüsterte Heinrich Schliemann mit heiserer Stimme. „Ich verstehe nicht, wie das passieren konnte!" Er schien völlig außer sich und wandte sich schließlich an Polychronios.

„Warum bist du nicht hier gewesen? Es sollte immer eine Person im Haus sein", sagte er.

Polychronios hatte sich auf einen Stuhl sinken lassen und schüttelte fassungslos den Kopf. „Einer der Arbeiter hatte mich gerufen. Es hieß, ich solle zu dir kommen. Du hättest nach mir verlangt. Da bin ich natürlich sofort losgelaufen."

„Jemand hat dich ganz bewusst aus dem Haus gelockt", sagte Heinrich Schliemann und nickte dabei grimmig mit dem Kopf.

„Aber ich habe die Tür fest verschlossen, bevor ich gegangen bin!", warf Polychronios ein. In seinen dunklen Augen konnte man die Verzweiflung deutlich sehen.

„Ja, sie war aufgebrochen. Als ich es bemerkte, war mir sofort klar, dass etwas nicht stimmt", bemerkte Sophia Schliemann. Sie hatte sich etwas gefangen und starrte nun zum Kamin, vor dem einige Holzscheite lagen, die der Dieb in der Eile nicht zurückgelegt hatte.

„Nur die hier Anwesenden wussten, wo die Krone versteckt war!", fügte sie schließlich hinzu.

Nikos und Emilia warfen sich einen vielsagenden Blick zu und Nikos ergriff das Wort: „Aber wir wurden belauscht und beobachtet! Wir haben jemanden vom Haus weglaufen sehen – an dem Tag, an dem wir den Schatz gefunden und versteckt haben. Und wenig später noch einmal."

„Dann ist die Krone für immer verloren", sagte Onkel Heinrich mit tonloser Stimme.

„Aber so schnell kann die Krone nicht aus dem Lager gebracht werden. Sie ist groß, auffällig und kann nicht einfach so weggeschmuggelt werden. Der Dieb muss bis zur Dunkelheit warten", meldete sich Photidas, der Oberaufseher, zu Wort.

Kapitän Tsirogamis nickte nachdenklich mit dem Kopf und sagte dann schließlich mit seiner ruhigen, tiefen Stimme: „Außerdem: Wer würde die Krone erwerben? Außer natürlich, sie würde eingeschmolzen werden."

„Das wäre einfach nur furchtbar!", stöhnte Sophia auf.

Nun musste sehr schnell gehandelt werden. Photidas schlug vor, dass alle Arbeiter streng kontrolliert wurden, bevor sie das Lager verließen, und teilte selbst Kapitän Tsirogamis zur Wache ein. Onkel Heinrich eilte nach draußen, um Amin Effendi von der neuen Regelung zu unterrichten. Nikos und Emilia hefteten sich an seine Fersen.

Heinrich Schliemann war so aufgeregt, dass er Mühe hatte, seine Stimme zu beherrschen, als sie schließlich auf Amin Effendi stießen, der mit Argusaugen eine Ausgrabung an einer der Mauern überwachte.

„Ich möchte, dass jeder Arbeiter genau überprüft wird, bevor er das Lager verlässt. Jeder!", sagte er schließlich.

Amin Effendi zog die Brauen hoch.

„Wurde schon wieder etwas gestohlen?", hakte er nach.

„Nein", antwortete Heinrich Schliemann  knapp, aber Amin Effendi schien nicht wirklich überzeugt. Er kniff seine Augen zusammen, zwirbelte seinen Schnurrbart und wippte mit argwöhnischem Blick auf seinen Fußspitzen. Doch Heinrich Schliemann war nicht bereit, noch weitere Auskünfte zu geben, und eilte gedankenverloren von dannen.

„Wo sind eigentlich Mehmet und Jannis?", raunte Nikos Emilia zu, doch Amin Effendi hatte ihn trotzdem gehört.

„Wir haben sie zu dem Kaufmann aus Smyrna geschickt, um mit ihm darüber zu verhandeln, ob er der Ausgrabungsstätte nicht doch ein paar Arbeiter überlassen könnte", sagte Amin Effendi und machte sich nun seinerseits auch auf den Weg.

„Das ist seltsam. Keiner der beiden ist hier, aber die Krone ist verschwunden", murmelte Emilia.

„Vielleicht hatte der Täter einen Komplizen und hat die Krone bereits aus dem Lager geschafft. Du lieber Himmel, vielleicht, um sie an den Kaufmann zu verkaufen?", führte Nikos Emilias Gedankengang zu Ende.

Sie sahen sich kurz an und schüttelten dann gleichzeitig den Kopf.

„Nein, die Krone ist zu auffällig. Sie muss noch hier sein. Aber, wo?"

Emilia sah etwas niedergeschlagen um sich. Sie hatten doch schon überall herumgestöbert? Es half alles nichts. Sie mussten sich erneut auf die Suche machen. Vielleicht war ihnen etwas entgangen?

Etwas ziellos stromerten die beiden in der Ausgrabungsstätte herum. Schließlich führte sie ihr Weg zu Amin Effendis Zelt, in dem dieser die Schätze aufbewahrte, die der türkischen Regierung übergeben werden sollten. Von Amin Effendi fehlte jede Spur.

„Dann könnten wir einen Blick riskieren, oder?"

Nikos grinste frech und Emilia schlüpfte mit ihm in das Zelt. Ihre Augen mussten sich erst an das dämmrige Licht im Zelt gewöhnen, doch dann entdeckte Nikos etwas, das ihn durch die Zähne pfeifen ließ.

? *Was sieht Nikos?*

59

Ratlos

„So etwas! Das ist ein Stück der Krone –
ganz sicher. Sieh nur!", flüsterte Nikos, während sich
seine Fingerspitzen um das kleine goldene Teil der
Krone schlossen.

Emilia sah ihm über die Schulter und staunte ebenso wie ihr Bruder: „Seltsam. Eigentlich sind nur Amin
Effendi und Mehmet in diesem Zelt. Das deutet wieder auf Mehmet hin. Was meinst du?"

Nikos zuckte etwas ratlos die Schultern, kniete nieder und begann, unter den Regalbrettern nach der
Krone zu suchen. Emilia schlich durch das Zelt und
begutachtete alle Artefakte genau, die hier verstaut
waren. Sie standen ordentlich auf Regalbrettern, nur
die größeren Fundstücke lagerten auf der Erde. Das
Zelt war eine wahre Fundgrube wundervoller Becher,
Schalen und Teller. Vorsichtig schob Emilia Urnen
und Vasen zur Seite und lugte auch in die hinterste
Ecke eines Regals. Nichts. Von der Krone fehlte jede
weitere Spur.

„Ich bin nicht sicher. Er könnte mit Amin Effendi
zusammenarbeiten. Aber andererseits – Amin Effendi
ist so korrekt und pflichtbewusst. Ich kann mir nicht

vorstellen, dass er ein Dieb sein soll", sagte sie und schob einen schweren Krug zur Seite, um auch diese Stelle noch zu kontrollieren.

„Ich auch nicht. Vielleicht weiß er nichts von dem Diebstahl, aber sein Zelt wurde als Versteck missbraucht. Weil der Dieb sicher sein kann, dass hier eigentlich niemand hereinkommt", murmelte Nikos und steckte den Fund in seine Hosentasche.

„Was habt ihr hier verloren?"

Nikos und Emilia fuhren erschrocken herum und sahen in das erboste Gesicht Amin Effendis. Seine Augen funkelten wütend und sein Schnurrbart zitterte vor Zorn.

„Wir haben Mehmet gesucht", haspelte Nikos schließlich heraus.

Amin Effendi schüttelte den Kopf. „Hier ist er jedenfalls nicht. Dieses Zelt ist streng verboten für euch. Und nun raus mit euch. Aber schnell!"

Er scheuchte die beiden mit einer Handbewegung aus dem Zelt und schimpfte weiter vor sich hin.

Nikos kicherte und Emilia unterdrückte ein Lachen. Sie hatten sich eben fast zu Tode erschreckt!

„In jedem Fall war ein Teil der Krone im Zelt. Ich glaube auch nicht, dass sie bereits aus dem Lager gebracht wurde. Es wäre zu auffällig. Im Zelt war sie aber auch nicht mehr. Wo könnte sie nur sein?", überlegte Nikos und ließ seinen Blick über den Ausgrabungshügel streifen. Mehrere Gruppen von Arbeitern gruben an den Mauern, andere luden Schutt und Steine auf ihre Schubkarren. Die Sonne tauchte das Geschehen in gleißendes Licht und Nikos musste die Augen etwas zusammenkneifen, um überhaupt etwas sehen zu können. An den Mauern waren Wachposten stationiert, die misstrauisch jede Bewegung der Arbeiter beobachteten.

„Die Wachen sind sehr genau. Ich kann mir nicht vorstellen, dass man die Krone nun aus dem Lager bringen kann", murmelte Emilia.

Während sie
über den Ausgrabungshügel
schlenderten, ertappte sich Nikos dabei,
dass er versucht war, jeden Stein umzudrehen, um die
Krone zu suchen. Was natürlich Unfug war. Die Krone
war viel zu groß, als dass sie einfach unter einem
Stein versteckt werden konnte.

Als die Mittagspause eingeläutet wurde und sich
die Arbeiter zum Essen zurückzogen, schlenderten
die beiden zurück zu Onkel Heinrichs Haus. Schon
von Weitem hörten sie seine erregte Stimme.

Besorgt betraten sie das Haus und fanden Onkel
Heinrich mit Tante Sophia in einer aufgeregten Diskussion.

„Es fehlt schon wieder etwas!", erklärte Tante Sophia gerade und strich sich eine Haarsträhne aus dem
Gesicht.

„Der Schatz wird uns nach und nach weggetragen! Ich verstehe das nicht!", schimpfte Onkel Heinrich. „Es ist, als ob ein Fluch auf dieser Ausgrabung liegt! Wie kann es sein, dass sich all unsere Schätze plötzlich in Luft auflösen?" Er war außer sich.

„War denn Polychronios nicht hier, um den Schatz zu bewachen?", fragte Nikos.

Onkel Heinrich schüttelte den Kopf.

„Nein, er hat einige Artefakte zu Amin Effendi gebracht. Aber die Tür war verschlossen. Nur leider das Fenster nicht. Der Dieb ist durch das Fenster geklettert! Wie dreist!"

„Und niemand hat etwas bemerkt", seufzte Tante Sophia.

„Was fehlt eigentlich?"

Emilia sah stirnrunzelnd auf die funkelnden und glänzenden goldenen Stücke, die Tante Sophia in ein Tuch gewickelt hatte und die nun offen auf dem Bett lagen.

„Drei goldene Reifen sind weg. Was sehr schade ist. Es waren enorm wertvolle Gegenstände!", erklärte Onkel Heinrich, während er im Haus auf und ab ging und dabei sorgenvoll die Stirn runzelte. „Wir müssen den Schatz so schnell wie möglich wegbringen. Kapitän Tsirogamis wird sich darum kümmern, dass sein

Schiff bald aufbruchbereit ist. Aber natürlich müssen wir vorher die Krone finden. Wenn wir sie denn wiederfinden! Es ist ein Unglück!"

Tante Sophia schlug das Tuch wieder um die wertvollen Gegenstände und deponierte sie unter einem Brett im Boden.

„Jetzt wird der Dieb hoffentlich nicht mehr fündig!", sagte sie, während sie überprüfte, ob das Dielenbrett auch wirklich fest saß. Emilia beobachtete ihre Tante und versuchte herauszufinden, ob man erkennen konnte, wo das Brett gelockert worden war. In diesem Moment fiel ihr Blick auf etwas Kleines,

Grünes am Boden. Neugierig kniete sie nieder. Es war eine Pflanze. Und noch dazu eine ganz besondere!

Sie hob die Pflanze hoch und zeigte sie triumphierend Nikos. „Sieh nur – eine Glycyrrhiza!"

„Und damit sind vor allem zwei Personen verdächtig!", gab Nikos aufgeregt zurück.

? *Wen meint Nikos und wie kommt er darauf?*

Spione in
der Nacht

Heinrich und Sophia Schliemann sahen etwas ratlos zu den beiden, wurden aber sofort aufgeklärt.

„Na, Jannis und Mehmet waren doch bei dem Kaufmann aus Smyrna. Also in dem Gebiet, in dem die Pflanze wächst. Sie wird wohl am Schuh oder der Kleidung hängen geblieben sein."

Heinrich Schliemann nickte mit ernstem Gesicht, warf dann aber ein: „Sie kann aber auch versehentlich am Schuh des Diebes geklebt haben."

Nikos und Emilia gaben sich mit dieser Erklärung nicht zufrieden. Als Polychronios ins Haus trat, nutzten sie den unbeobachteten Moment und flitzten nach draußen.

„Ich bin jetzt ganz sicher, dass Mehmet oder Jannis der Dieb ist!", triumphierte Emilia.

„Jannis ist so nett. Mehmet hingegen immer übel gelaunt. Mir wäre lieber, Mehmet wäre der Dieb", sagte Nikos.

„Und wenn sie zusammenarbeiten?"

Emilia blinzelte nachdenklich in die Nachmittagssonne. Zwei Arbeiter zogen mit einem Pferdekarren vorüber, ein anderer brachte jene Artefakte, die an diesem Tag gefunden worden waren, auf die Terrasse von Schliemanns Haus und setzte sich dann auf die Stufen, um einen Moment auszuruhen.

„Wir sollten die beiden noch genauer beobachten", raunte Nikos Emilia zu und zog sie mit sich, damit der Arbeiter ihr Gespräch nicht belauschen konnte. „Ich werde mich an Mehmets Fersen heften und du überwachst Jannis, ja?"

Emilia nickte und machte sich dann auf die Suche nach Jannis, der nicht schwer zu finden war. Wie üblich um diese Zeit war er in der Küche und räumte auf. Er schrubbte gerade eine gusseiserne Pfanne.

„Nanu, du bist ja alleine hier. Normalerweise seid ihr doch nur zu zweit unterwegs", grinste er und machte sich über einen großen Kochtopf her, der gespült werden musste. Während er ihn in den Spültrog wuchtete, überlegte Emilia fieberhaft, wie sie Informationen aus Jannis herausbekommen konnte.

„Interessierst du dich überhaupt nicht für die Funde?", fragte sie schließlich so harmlos wie möglich.

Jannis warf ihr einen seltsamen Blick zu, lachte dann auf und meinte: „Ich bin hier als Koch eingestellt. Nicht als Schatzgräber."

„Aber das Schlangenhorn hat dich begeistert." Emilia wollte nicht so schnell aufgeben, doch Jannis zuckte nur mit den Schultern. „Das habe ich gleich verloren. Oder einer der Arbeiter hat es mir gestohlen. Sie sind wie verrückt hinter diesen Glücksbringern her. So, und nun würde ich gerne meine Arbeit zu Ende bringen."

Mit diesen Worten widmete er sich wieder dem Kochtopf. Emilia gab sich geschlagen und machte sich auf die Suche nach Nikos, den sie bei einer der Mauern der Ausgrabungsstätte fand.

„Und, konntest du etwas herausfinden oder hat sich Mehmet verdächtig verhalten?", fragte sie ungeduldig vor Neugierde.

Nikos schüttelte den Kopf.

„Nein, Mehmet war die ganze Zeit in Amin Effendis Zelt. Sie haben Listen der Artefakte erstellt. Ich habe sie belauscht und natürlich haben sie mich erwischt und gleich verscheucht", grummelte Nikos.

Emilia kaute auf ihrer Unterlippe. Sie kamen einfach keinen Schritt weiter.

„Und was, wenn die Krone heute Nacht aus dem Lager gebracht werden soll?", fiel ihr plötzlich ein.

„Dann müssen wir uns eben auf die Lauer legen!"

In Nikos' Augen funkelte pure Abenteuerlust, während Emilia etwas skeptisch aussah.

„Wir müssen sehr leise sein, damit uns niemand ertappt!"

„Und damit wir unbehelligt aus dem Haus schleichen können. Ich glaube nicht, dass Onkel Heinrich oder Tante Sophia sehr begeistert wären, wenn sie uns erwischten", lachte Nikos.

Emilia fand die Idee an sich zwar auch sehr gut, hatte aber immer noch Bedenken. Sie fand die ganze Angelegenheit ziemlich gefährlich. Nikos hingegen war Feuer und Flamme und heckte einen Plan aus. Sie wollten so früh wie möglich in ihre Betten schlüpfen, damit die anderen dachten, sie würden bereits schlafen. Da Onkel Heinrich bis spät in die Nacht an seinen Aufzeichnungen saß und Tante Sophia ihm oft dabei half, mussten sie aus dem Fenster klettern, um nicht gesehen zu werden.

„Und wir werden unsere Kissen so hinlegen, dass es aussieht, als würden wir im Bett liegen", schlug Nikos vor.

Beim Abendessen brachte Emilia kaum einen Bissen hinunter, während Nikos gierig in sich hineinschlang. Die Vorfreude auf das Abenteuer machte ihn unendlich hungrig.

„Außerdem möchte ich nicht, dass mein Magen anfängt zu knurren und uns damit verrät", lachte er, als sie endlich in ihrem Zimmer waren. Die Sonne war bereits untergegangen und mit ihr kamen wieder all die unheimlichen Geräusche, die sie nun schon gut kannten. Emilia spähte durch den Türspalt in das Zimmer von Onkel und Tante. Gut, die beiden waren vertieft in ihre Arbeit und würden nichts mitbekommen. So leise wie möglich schloss sie die Tür und half Nikos, die Bettdecken so zu formen, dass sie nicht leer aussahen. Gleich darauf schlüpften sie durch das Fenster in die Nacht hinaus.

Vorsichtig huschten sie am Haus entlang. Sie hatten beschlossen, sich zwischen dem Küchengebäude und Mehmets Zelt zu verstecken. Hier hatten sie die beste Sicht auf alle Eingänge der Häuser und Zelte.

Emilia ließ sich neben Nikos nieder, nachdem sie den Boden Stück für Stück begutachtet hatte. Sie hatte keine Lust, sich auf einen Skorpion oder eine Schlange zu setzen.

„Wir haben Glück. Der Vollmond lässt alles beinahe taghell erscheinen", raunte Nikos ihr zu. Sie nickte nur stumm und zog ihr Tuch enger um die Schultern. So heiß es tagsüber war, so kalt waren die Nächte. Emilia fröstelte und rückte dichter an Nikos.

„Psst. Da war ein Geräusch!", zischte er und blickte angestrengt in die Nacht.

Emilia sah ihn zuerst: Es war Mehmet! Er schlich verstohlen aus seinem Zelt und hatte dabei einen großen Gegenstand unter seinen Arm geklemmt. Im fahlen Licht des Mondes blitzte der Gegenstand auf. Emilia sog hörbar den Atem ein. Das war die Krone! Sie war sich ganz sicher! Auch Nikos hatte seine Augen weit aufgerissen. Ja, das war die Krone. Nikos bedeutete Emilia, dass sie ihm folgen mussten. Emilia nickte stumm und stand auf.

Mehmet sah ab und an misstrauisch um sich und ging schließlich schneller. Er lief direkt auf einen der Ausgrabungsstollen zu. Nikos runzelte die Stirn.

„Im Stollen verlieren wir ihn. Es ist viel zu dunkel", raunte er Emilia zu.

Sekunden später trat ein, was Nikos vermutet hatte. Sie hatten Mehmet aus den Augen verloren. Eine Wolke schob sich vor den Vollmond, der Wind frischte auf und tiefe Dunkelheit legte sich für einen kurzen Moment über die Landschaft. Sie sahen kaum noch die Hand vor Augen.

„Vielleicht versteckt er die Krone im Stollen", flüsterte Emilia. Sie konnte sich daran erinnern, dass Onkel Heinrich den Stollen absperren hatte lassen, weil manche der Mauern sehr brüchig schienen. Es war ihm zu gefährlich gewesen, die Arbeiten hier fortzuführen. Nun entpuppte sich der Stollen allerdings als wunderbares Versteck, denn hierhin würde so schnell niemand kommen.

ganz sicher waren, dass Mehmet nicht mehr zurück-
kommen würde.

Nikos erhob sich, klopfte sich Erde von den Hosen-
beinen und sah dann nachdenklich zu dem Stollen.

„Jetzt in der Dunkelheit werden wir nichts finden.
Wir müssen morgen herkommen."

„Aber was hat er so lange da drin gemacht?", rät-
selte Emilia, während sie Nikos zu Onkel Heinrichs
Haus folgte. Der Gedanke ging ihr nicht mehr aus
dem Kopf und so fiel sie in einen unruhigen Schlaf.

Als Onkel Heinrich zu seinem morgendlichen Bad aufbrach, wurde sie sofort wach.

Nur wenig später waren sie auf den Beinen und gingen kurzerhand zum Stollen. Jetzt am frühen Morgen waren noch keine Arbeiter auf dem Hügel.

Als sie am Eingang standen, wollte Nikos gleich in den Stollen laufen, aber Emilia hielt ihn zurück. Sie hatte etwas bemerkt, das sie mit größtem Interesse bestaunte.

Was war Emilia aufgefallen?

Fündig geworden

„Das sind Markierungen. Da bin ich ganz sicher", sagte Emilia und strich mit ihren Fingerspitzen über eines der Zeichen. „Es ist mit Kreide gemalt."

„Könnten sie von Onkel Heinrich stammen?"

Nikos betrachtete die Markierung nun auch genauer. Sie schienen frisch aufgetragen und da der Stollen schon seit einigen Tagen stillgelegt war, war es wahrscheinlicher, dass Mehmet die Zeichen angebracht hatte.

„Vielleicht, um den Weg zur Krone wiederzufinden", mutmaßte Emilia.

„Oder, um einem Komplizen den Weg zu weisen", fügte Nikos an.

„Dann sollten wir mal nachsehen, ob wir noch weitere Zeichen finden."

Emilia schlüpfte als Erste durch die hölzerne Absperrung in den Ausgrabungsstollen. Nikos folgte ihr auf dem Fuß. Nur wenige Schritte weiter entdeckte Emilia ein weiteres Zeichen an der Wand.

„Sieh nur, es sieht aus wie ein Pfeil. Wir müssen noch tiefer in den Stollen hinein."

Etwas mulmig wurde ihr dann doch. Onkel Heinrich hatte den Stollen mit Sicherheit nicht zum Spaß absperren lassen. Es waren bereits Wände eingestürzt und das Mauerwerk hatte einige Arbeiter unter sich begraben. Emilia achtete darauf, dass sie ihre Schritte nicht unbedacht setzte, während sie immer tiefer in den Stollen eindrangen. Die Erde war staubig und roch nach Moder. Sonnenlicht drang nur noch spärlich ein und Emilia hatte das Gefühl, von Schatten und Schemen beobachtet zu werden.

„Da ist wieder ein Zeichen." Nikos Stimme klang seltsam gedämpft aus dem Halbdunkel.

„Aber dieser Pfeil zeigt nach unten. Nicht nach vorne wie die anderen."

Nikos und Emilia sahen sich unsicher an. Emilia kniete nieder und tastete mit ihren Händen über den Boden. Nikos hingegen besah sich die Mauer genauer und wurde schließlich fündig.

„Hier ist ein Stein locker. Hilf mir!", forderte er Emilia auf.

Gemeinsam machten sie sich am Mauerwerk zu schaffen. Auch hier wieder darauf bedacht, nichts zum Einsturz zu bringen. Schließlich gelang es ihnen, den Stein zu lösen. Mit einem dumpfen Plumps fiel er ihnen zu Füßen. Nikos fasste sich ein Herz und griff in die dunkle Öffnung. Grinsend zog er nur Sekunden später die Krone aus ihrem Versteck. Sie hatten sie gefunden!

„Onkel Heinrich wird außer sich sein vor Freude!", jubelte Emilia.

„Ja. Aber jetzt nichts wie weg von hier! Nicht, dass wir noch erwischt werden."

Emilia zog ihr Tuch von den Schultern und wickelte es vorsichtig um die Krone. Nikos klemmte sich das Bündel unter den Arm und schon sausten sie aus dem Stollen hinaus. Die Zeichen an der Wand erwiesen sich auch hier als hilfreich. Emilia war sich sicher, dass sie aus dem Labyrinth nicht mehr herausgefunden hätte.

Das strahlende Sonnenlicht blendete sie für einen kurzen Moment und Emilia blinzelte, bis sich ihre Augen wieder an die Helligkeit gewöhnt hatten. Sie durften sich jetzt auf keinen Fall auffällig benehmen oder gar Mehmet in die Arme laufen!

So schnell und gleichzeitig unauffällig sie konnten, liefen sie zu Onkel Heinrichs Haus. Emilias Herz pochte bis zum Hals und sie beruhigte sich erst wieder, als sie die Tür hinter sich ins Schloss zog. Nikos legte die Krone auf das Bett und schlug das Tuch zur Seite. Emilia nahm sie vorsichtig in die Hände und betrachtete sie genauer. Die Krone strahlte und glänzte im einfallenden Licht der Sonne.

„Sie ist wirklich wunderschön!", flüsterte Emilia.

„Ja, und ein Dieb ist hinter ihr her. Wir müssen jetzt sehr schnell handeln. Was, wenn Mehmet bemerkt, dass die Krone weg ist?", warf Nikos ein, während er sie wieder in das Tuch schlug und sie dann unter dem Bett versteckte.

„Ich habe einfach das Gefühl, dass Mehmet nicht alleine arbeitet. Und es fehlen doch auch noch die Goldreifen! Die haben wir völlig vergessen!", rief Emilia und schlug sich mit der flachen Hand gegen die Stirn. Vielleicht waren diese Stücke noch im Versteck?

„Ich gehe einfach noch einmal in den Stollen", sagte Nikos.

„Alleine? Das ist zu gefährlich", warf Emilia ein und schüttelte energisch den Kopf.

„Aber du musst hier bleiben und die Krone bewachen. Nicht, dass sie noch einmal gestohlen wird."

„Am besten ist es, wenn wir zuerst Onkel Heinrich suchen. Das scheint mir der sicherste Weg zu sein, oder?"

Emilia nagte an ihrer Unterlippe. Es war ihr nicht recht, wenn Nikos allein in den dunklen Stollen ging.

„Also gut, ich suche Onkel Heinrich!"

Nikos war mit einem Satz bei der Tür. Emilia setzte sich auf das Bett und sah etwas besorgt drein. So ganz wohl war ihr nicht bei dem Gedanken, dass sie möglicherweise doch beobachtet worden waren und Mehmet jeden Moment hereinplatzen konnte, um die Krone wieder an sich zu nehmen. Nikos lächelte ihr aufmunternd zu und eilte nach draußen.

Aber so sehr er sich auch bemühte, Onkel Heinrich und Tante Sophia blieben unauffindbar. Es war einfach wie verhext. Polychronios erzählte ihm schließlich, dass die beiden mit Kapitän Tsirogamis beim Schiff waren, um zu besprechen, wie der Schatz am besten außer Landes gebracht werden könnte, ohne Aufsehen zu erregen.

Nikos geriet kurz ins Schwanken. Sollte er zum Schiff laufen? Aber das würde ihn viel Zeit kosten. Oder sollte er doch noch einmal schnell in den Stollen gehen? Die Arbeitertrupps waren an anderen Stellen beschäftigt und soweit er gesehen hatte, war Mehmet von Amin Effendi eingespannt worden – er musste Artefakte sortieren. Er war also beschäftigt.

Kurzerhand machte sich Nikos auf den Weg in den Stollen. Er warf noch einen schnellen Blick über die Schulter. Nein, niemand achtete auf ihn. Dann schlüpfte er hinein. Gemeinsam mit Emilia war es doch einfacher gewesen, stellte er wenig später fest. Seine Schritte hallten dumpf durch den Tunnel und bedrohliche Dunkelheit begann ihn einzuhüllen. Schließlich blieb er erleichtert bei der markierten Stelle stehen, ging in die Knie und tastete erneut in der Aushöhlung, in der auch die Krone gewesen war. Gleich darauf hörte er ein leises Klirren. Die Goldreifen! Er hatte sie tatsächlich gefunden!

„Das ist ja toll!", jubelte er leise. Nur wenige Handgriffe später hatte er alle Goldreifen eingesammelt und in seine Hosentaschen gesteckt. Er wollte aufstehen, als er zufällig mit den Fingern über die Erde strich. Seine Fingerkuppe blieb an einer kleinen Erhebung hängen. Nikos beugte sich nach unten und hob das kleine Stück auf, das ihm aufgefallen war.

„Na, das ist ja eine Überraschung!", murmelte er, als er erkannte, was er gefunden hatte. Zufrieden pfiff er durch die Zähne.

? *Was hat Nikos gefunden und an wen denkt er dabei?*

Auf der Flucht

Emilia saß angespannt auf dem Bett, hatte die Beine angezogen und starrte abwechselnd zur Tür, dann zum Fenster und wieder zurück zur Tür. Irgendwie war ihr gar nicht wohl, so allein im Haus mit der Krone unter dem Bett. Emilia seufzte und strich sich eine Haarlocke aus der Stirn. Ihre Gedanken waren gerade dabei, sich zu verselbstständigen und ihr wirkliche Angst einzujagen, als die Tür mit einem lauten Krachen gegen die Wand flog.

Emilia schrie auf und fiel beinahe vom Bett. Sie erkannte nur einen Schemen im Türrahmen, der wegen des Lichts der einfallenden Sonne nicht weiter zu erkennen war.

„Ist hier jemand?", bellte die Stimme in den Raum.

Emilia brauchte einige Sekunden, bis sie erleichtert aufatmete. Es war Polychronios!

„Hast du mich erschreckt!", keuchte sie und hielt sich die Hand an den Hals.

„Das tut mir leid", antwortete Polychronios, der ebenso erleichtert schien wie Emilia. „Ich habe durch das Fenster einen Schatten auf dem Bett gesehen und dachte, es wäre schon wieder der Dieb hier", fügte er erklärend hinzu.

Emilia hatte sich wieder gefangen, hopste vom Bett und winkte Polychronios aufgeregt zu sich.

„Sieh nur, was wir gefunden haben!"

Sie befreite die Krone aus ihrem Versteck, schlug das Tuch zur Seite und sah triumphierend und erwartungsvoll zugleich zu Polychronios. Der stand wie angewurzelt da, starrte auf die Krone und konnte vor Staunen immer nur den Mund auf und zu machen.

„Wie? Wo?", brachte er stotternd hervor.

„Wir haben uns auf die Lauer gelegt und den Dieb dabei erwischt, wie er sie versteckt hat. Oder zumindest einen der Diebe. Wir sind uns noch nicht sicher, ob es wirklich nur einer ist", erklärte Emilia.

Polychronios schien nun völlig verwirrt und betastete ehrfurchtsvoll die Krone, so als ob er nicht glauben konnte, dass sie wirklich vor ihm lag.

„Weiß Heinrich schon davon?", fragte er schließlich.

Emilia lief rot an. Es war ihr etwas peinlich, gestehen zu müssen, dass ausgerechnet Onkel Heinrich noch nicht benachrichtigt war. Sie versuchte Polychronios zu erklären, dass sie ihn zwar gesucht, aber nicht gefunden hatten.

„Dann wird es Zeit, dass wir ihn suchen. Das heißt, am besten ist es, du suchst ihn und ich bewache die Krone. Einverstanden?"

Emilia nickt erleichtert, als ihr Polychronios diesen Vorschlag unterbreitete. Irgendwie saß ihr der Schreck doch noch in den Knochen und sie hatte nur wenig Lust, wieder allein mit der Krone zu sein.

Schnell schlüpfte sie aus dem Haus, nachdem sie noch einen Blick zu Polychronios geworfen hatte, dessen Finger andächtig über die Krone strichen. Während sie suchend ihre Augen über den Ausgrabungshügel schweifen ließ, hielt sie auch nach Nikos Ausschau. Wo blieb er denn nur? Langsam begann sie, sich Sorgen zu machen. Und wo war Onkel Heinrich? Immer noch beim Schiff? Sie hoffte, nicht. Der Weg war weit und sie hatte das Gefühl, dass die Zeit nun wirklich drängte.

Der weite Saum ihres Kleides ließ es zu, dass sie mit großen Schritten vorwärtseilen konnte. Staub wirbelte unter ihren Schuhen auf und setzte sich auf dem Stoff ihres Kleides fest. „Mama wäre nicht begeistert gewesen", dachte sie und lief noch etwas schneller. Sie war schließlich weit weg in Griechenland.

Er kam gerade mit Tante Sophia vom Hafen auf den Ausgrabungshügel zurück. Sein Gesicht wirkte ernst und sorgenvoll. Er hatte die Brauen zusammengezogen und strich sich ein ums andere Mal den Schnurrbart. Tante Sophia schien ebenso in Gedanken verloren. Aber ihre Miene hellte sich sofort auf, als sie Emilia sah.

„Na, mein Schatz, wie geht es dir? Und wo ist Nikos?" Sie strich Emilia übers Haar.

Emilia warf einen schnellen Blick um sich. Niemand war in ihrer Nähe, der sie belauschen konnte. Und schon platzte es aus ihr heraus.

„Wir haben die Krone gefunden! Mehmet hat sie versteckt. Drüben im Stollen, der abgesperrt ist."

Sophia Schliemann zuckte merklich zusammen, während in Heinrichs Gesicht kaum eine Regung auszumachen war. Nur seine Augenbrauen zog er leicht nach oben, bevor er mit leiser, aber sehr bestimmter Stimme nachhakte.

„Noch einmal ganz langsam. Ihr habt die Krone gefunden? Ist sie unbeschadet?"

Emilia nickte.

„Ein kleines Stück fehlt. Aber auch das haben wir gefunden."

„Und wo ist Nikos?", hakte Sophia alarmiert nach.

„Noch einmal im Stollen. Er wollte nachsehen, ob die anderen gestohlenen Gegenstände auch dort versteckt sind."

„Er ist allein im Stollen?"

Schliemanns Gesichtsausdruck änderte sich schlagartig von ernst in tiefste Besorgnis. Er nahm Emilia bei der Hand, fasste mit der anderen Hand die seiner Frau und zog sie beide mit sich.

Als sie den Stollen erreichten, löste sich Emilia aus dem festen Griff. „Ich kenne den Weg!"

Ihre Augen funkelten und sie konnte sich ein Grinsen nicht verkneifen, als sie den verwirrten Blick ihres Onkels wahrnahm. Der gab sich schließlich geschlagen, ließ Emilia als Erste in den Tunnel schlüpfen, befahl aber, dass sie ganz dicht bei ihnen bleiben müsse.

Ihre Schritte hallten dumpf durch den Stollen. Emilia orientierte sich an den Markierungen an der Wand und zeigte sie auch Onkel und Tante.

„Das hier hat uns auf die richtige Spur geführt", erklärte sie gerade, als sie hinter sich gedämpfte Stimmen hörten. Schliemann legte augenblicklich seinen Zeigefinger an die Lippen, um ihnen zu bedeuten, dass sie ganz ruhig sein sollten. Die Stimmen kamen näher. Schritte klangen durch den Tunnel.

„Das sind Jannis und Mehmet!", flüsterte Emilia aufgeregt. Sie hatte Jannis an seinem Pfeifen erkannt, Mehmet hingegen an seiner dumpfen Stimme.

Heinrich Schliemann nickte und Sophia sah besorgt um sich. Emilia bedeutete ihnen, ihr zu folgen, und schon führte sie sie immer tiefer in den Stollen. Das Licht wurde diffuser, die Luft stickiger und Jannis und Mehmet holten auf. Emilia war sich sicher, dass sie verfolgt wurden! Und wo, um Himmels willen, steckte Nikos?

Sie nahmen die letzte Biegung vor der Fundstelle, gingen dabei immer schneller und waren darauf bedacht, so leise wie möglich zu sein. Emilia bog um die Ecke und prallte mit voller Wucht gegen einen Körper.

„Nikos!", rief sie erleichtert, als sie ihren Bruder erkannte.

Der fiel vor Schreck gegen die Wand.

„Wir haben keine Zeit zu verlieren. Wir werden verfolgt!", flüsterte Schliemann aufgeregt. Sophia warf erneut einen Blick zurück und nickte dann bestätigend.

Die Schritte ihrer Verfolger waren eindeutig schneller geworden. Fast klang es, als würden die beiden rennen. Emilia sah ängstlich um die Ecke und versuchte, im Dämmerlicht etwas ausmachen zu können. Sie blickte genau auf die beiden Verfolger! Sie waren dicht hinter ihnen.

Mehmet erkannte sie, zeigte mit dem Finger auf sie und schrie: „Wir wollen die Krone wiederhaben!" Bleibt sofort stehen!"

Emilia zuckte zurück und fühlte, wie sie erstarrte. Zum Glück besaß Schliemann mehr Nerven. Er zog sie einfach mit sich. Zu viert liefen sie tiefer in den Stollen.

„Ich weiß, wie wir hier herausfinden! Ich habe vor-
hin einen Zettel mit dem Plan des Stollens gefunden!
Mehmet muss ihn verloren haben", keuchte Nikos.

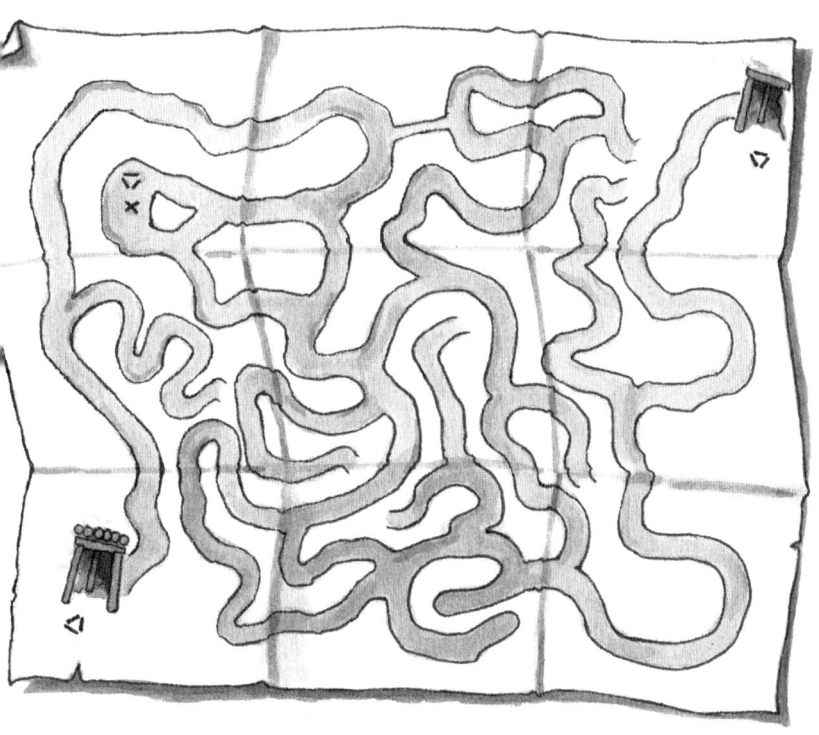

? *Was ist der schnellste Weg aus dem Labyrinth?*

Eine rettende Idee

Heinrich Schliemann war wirklich erstaunt, wie gut sich Nikos anhand des Plans im Stollen zurechtfand, der mit jedem Schritt, den sie taten, dunkler und verwinkelter wurde. Als sie endlich Licht am Ende des Tunnels erkannten, atmete Emilia erleichtert auf. Noch immer hörten sie das unterdrückte Schimpfen von Mehmet, vermengt mit griechischen Rufen von Jannis. Die beiden würden nicht aufgeben!

Sie stolperten aus dem Labyrinth und blinzelten kurz benommen in das grelle Licht der Sonne, bevor Heinrich Schliemann entschied, sofort mit Georgios Photidas zu sprechen.

„Er ist der Oberaufseher hier bei der Ausgrabung. Er wird wissen, wie man diese Gauner dingfest machen kann!", knurrte er in seinen Schnurrbart.

„Sie sind immer noch hinter uns her", keuchte Emilia.

„Sie werden uns nicht hier vor all den anderen Arbeitern angreifen!", empörte sich Sophia, aus deren Haarknoten sich auf der Flucht einige Strähnen gelöst hatten und die sie nun mit einer wirschen Handbewegung hinter das Ohr strich.

Allerdings hatte sie nicht mit der Dreistigkeit von Mehmet und Jannis gerechnet, die ebenfalls genau in diesem Moment aus dem Tunnel stürzten.

Mehmet bremste so scharf ab, als er sah, dass sie noch am Eingang standen, dass ihm Jannis in den Rücken lief und ihn beinahe umstieß. Mehmet achtete nicht weiter darauf, straffte die Schultern und baute sich dann vor Schliemann auf.

„Wir wollen die Krone haben!", zischte er zwischen seinen Zähnen hervor.

„Das ist doch lächerlich!"

Heinrich Schliemann verschränkte seine Arme vor der Brust und sah mit hartem Blick zu Mehmet. Sophia Schliemann legte ihre Arme um Nikos und Emilia und zog sie dichter an sich heran. Jannis funkelte sie mit bösem Blick an.

„Das hätte ich nie von dir gedacht, Jannis", sagte Emilia traurig und Nikos nickte stumm dazu.

Jannis zuckte die Schultern. „Als Koch verdient man nicht viel. Die Krone ist ein Vermögen wert. Und wir haben bereits einen Käufer. Also, wenn wir bitten dürften?"

„Die Krone ist mein Fund. Und ich werde sie dem Land vermachen, das ich auswähle", sagte Schliemann.

„Eigentlich gehört sie der türkischen Regierung."

Mehmets Augen glitzerten in einer Mischung aus Gier und Triumph. Heinrich Schliemann stöhnte auf.

„Und wenn wir Amin Effendi davon erzählen, ist der gesamte Schatz verloren. Den Ferman wird die Regierung einziehen und ihr werdet ohne ein einziges Stück das Land verlassen."

Mehmet lief zu Höchstform auf und stemmte seine Arme in die Hüften, um zu verdeutlichen, wie siegesgewiss er war.

„Das ist unerhört!", erboste sich Schliemann.

Seine Stimme wurde lauter und es entwickelte sich ein Wortgefecht mit Jannis und Mehmet, das immer mehr Aufsehen erregte. Sophia wollte Heinrich eben darauf hinweisen, als Georgios Photidas neugierig und vom Lärm angezogen zu ihnen stieß.

„Was ist hier los? Brauchst du Hilfe?", wandte er sich an Schliemann.

„Das kann man wohl sagen", antwortete dieser und wich einige Schritte von Mehmet und Jannis zurück, die ihn triumphierend angrinsen. In Schliemanns

Gesicht war genau abzulesen, dass er krampfhaft darüber nachdachte, wie der Schatz noch zu retten war. Georgios wusste darüber Bescheid. Aber was, wenn Amin Effendi davon erfuhr?

Dieser war nur wenige Meter von ihnen entfernt mit einer Gruppe Arbeiter beschäftigt und horchte bereits misstrauisch auf, wie Nikos unruhig bemerkte.

Tatsächlich erteilte Amin Effendi den Arbeitern noch einige Befehle und schlenderte dann zu ihnen.

„Gibt es Probleme?", fragte er. Seine Augen huschten flink von einem zum anderen und blieben schließlich auf Mehmet haften, dem er vertraute.

Mehmet räusperte sich und saß sichtlich in der Patsche. Wenn er Amin Effendi von der Krone erzählte, würde der sie für die türkische Regierung einziehen. Und er und Jannis waren die Krone für immer los.

„Nun? Hier stimmt doch etwas nicht", hakte Amin Effendi nach und wippte mittlerweile auf seinen Zehenspitzen, wie immer, wenn er ungeduldig wurde.

„Schliemann ist ein Dieb. Er hat der Regierung wertvolle Schätze gestohlen", knurrte Mehmet schließlich, ohne die Krone weiter zu erwähnen.

„Und wir wollten dabei helfen, dass alles seine Richtigkeit hat", mischte sich Jannis ein.

„Das ist ungeheuerlich!", erboste sich Schliemann. Er hatte eine Genehmigung zur Ausgrabung und er war kein Dieb. Das Problem war nur, dass er auf keinen Fall zulassen konnte, dass der Schatz auseinandergerissen würde. Er wollte doch kein einziges Stück für sich selbst behalten!

Gleich darauf entbrannte eine erneute Diskussion, die in griechischem und türkischem Wortgefecht aufloderte. Die Männer kamen einander näher, wurden noch lauter und fast schien es, als würde jede Minute ein echter Kampf entbrennen.

In diesem Moment kam Nikos die rettende Idee. Er gab Emilia ein Zeichen und schlich sich an die Gruppe der Männer. Keiner achtete auf ihn. Mit flinken Fingern zog Nikos die Goldreifen aus seiner Hosentasche und ließ einen davon in Jannis' Tasche gleiten, die anderen beiden in Mehmets Hose. Der war so aufgebracht, dass er nichts davon bemerkte.

„Aber hier blitzt doch etwas Goldenes!", rief Emilia und deutete auf Mehmets Hose.

Amin Effendi trat einen Schritt zurück, sah genauer hin und fasste ihn am Handgelenk. Dieser wollte sich zur Wehr setzen, aber Georgios war schneller und fasste ihn am Kragen.

„Na, wenn das mal nicht aus einem der Funde ist", sagte er schließlich, griff nach den Goldreifen und reichte sie Amin Effendi, der vor Erstaunen kein Wort mehr herausbrachte.

„Dann sollten wir aber seinen Komplizen nicht vergessen!", warf Nikos ein und deutete auf Jannis, der bleich um die Nasenspitze eben den Rückzug antreten wollte.

Amin Effendi war allerdings schneller und der Goldreif ebenso schnell gefunden.

„Ich verhafte euch beide im Namen der türkischen Regierung", fauchte Amin Effendi und führte die beiden mithilfe von Georgios ab.

Schliemann war sichtlich erleichtert, wenn auch skeptisch und Sophia atmete auf.

„Wir müssen uns beeilen und den Schatz sofort außer Landes bringen", sagte Onkel Heinrich schließlich und scheuchte sie allesamt zum Haus.

„Die Krone ist schon wieder weg!", schrie Nikos auf.

Er war als Erster ins Haus gegangen und sofort zum Versteck der Krone gelaufen. Aber die war nicht mehr hier.

„Polychronios! Er wollte auf die Krone aufpassen. Und jetzt sind beide weg!"

Emilia war entsetzt. Es war ihre Aufgabe gewesen, die Krone zu bewachen, aber sie hatte sie einfach Polychronios überlassen. Aber er war doch eine Vertrauensperson! Stöhnend ließ sie sich auf das Bett sinken, während Nikos, Onkel Heinrich und Tante Sophia nach dem Rest des Schatzes forschten und feststellen mussten, dass die meisten Teile fehlten.

„Es war also alles umsonst", seufzte Schliemann. „Es liegt eben doch ein Fluch auf dieser Ausgrabung. Der Fluch von Troja!"

„Nein, das stimmt nicht. Wir waren nur schneller."

Mit diesen Worten trat Polychronios ein. Er grinste schelmisch bis über beide Ohren. Schliemann war knapp davor, ihn zu schütteln, um eine Erklärung zu bekommen. Polychronios trat lachend an den Tisch.

„Kapitän Tsirogamis und ich haben euch belauscht. Euer Disput war nicht zu überhören. Und da haben wir beschlossen, den Schatz so schnell wie möglich auf das Schiff zu bringen. Was eine Heidenarbeit war. Aber auch sehr einfach. Niemand hat auf uns geachtet. Alle haben mit Spannung euren Streit beobachtet."

So war das also! Emilia fiel ein Stein vom Herzen. In unendlicher Erleichterung half sie, die restlichen Stücke des Schatzes in einen Beutel zu füllen. Sie packten ihre Kleider und Bücher ein und verabschiedeten sich schweren Herzens von der Troas. Das Schiff von Kapitän Tsirogamis würde nur wenig später in See stechen und sie nach Athen zurückbringen. Zusammen mit dem Schatz des Priamos.

„Und das ist nicht zuletzt auch unser Verdienst", sagte Nikos stolz und Emilia lachte ihn froh an. Ja, es war ein wunderbares Abenteuer gewesen. Und es war noch nicht zu Ende.

Lösungen

Diebe! Nichts als Diebe!

Tante Sophia hat genau aufgezählt, was gefunden wurde: insgesamt 22 Artefakte. Aber auf der Terrasse sind lediglich 19 Gegenstände zu sehen. Die drei Armreifen fehlen.

Gold!

Es ist Mehmet – nur er trägt den unverkennbaren Schlapphut, den man auch am Schatten erkennt.

Geheimnisse

Die Botschaft lautet: „Die Krone ist ein Vermögen wert".

Wem kann man trauen?

Emilia und Nikos haben nichts von der Skizze erwähnt. Wie kommt Jannis darauf, dass sie ausgerechnet eine Skizze suchen?

Eine Katastrophe

Nikos hat ein auffälliges Teilchen von der Krone entdeckt, das zwischen Urnen und Amphoren unter einem Stofftuch hervorblitzt.

Ratlos

Die Glycyrrhiza ist die Pflanze, aus der Lakritzsaft gewonnen wird. Und nur Mehmet und Jannis waren gerade in dem Gebiet, in dem diese Pflanze wächst. Also muss einer der beiden im Haus gewesen sein.

Spione in der Nacht

Zeichen an der Wand führen sie zur Krone.

Fündig geworden

Das Schlangenhorn, das so auffällig gekrümmt ist und Jannis gehört.

Auf der Flucht

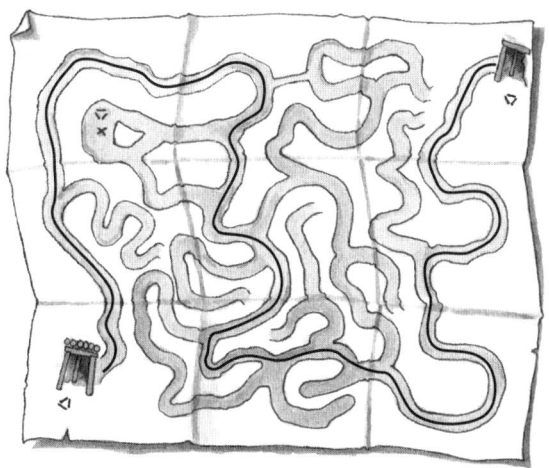

Glossar

Artefakte: Fundstücke bei archäologischen Ausgrabungen, die von Menschen gefertigt wurden und nicht größer als Handteller sind, werden Artefakte genannt. Meist sind sie aus Holz, Knochen oder Stein hergestellt, zum Beispiel Pfeilspitzen, Scherben von Krügen oder Schmuckstücke.

Chinin: wird aus der Rinde des Chinarindenbaumes gewonnen und ist ein fiebersenkendes Heilmittel.

Ferman: Als Ferman bezeichnet man eine schriftliche Verordnung der Staatsgewalt. Der Begriff stammt aus dem Persischen und bedeutet so viel wie „Befehl", „Verordnung".

Glycyrrhiza: eine Pflanzenart, die auch Süßholz genannt wird und in der Mittelmeerregion und in Westasien beheimatet ist. Aus ihr wird die Süßigkeit Lakritz hergestellt. In manchen Ländern wird das daraus gewonnene Genussmittel süß gegessen, in anderen salzig.

Hisarlik: türkisch für „kleiner Hügel". Hisarlik war eine Stadt in der Bronzezeit.

Ikonen: kirchlich geweihte Bilder, die Ehrfurcht erwecken sollen

Paidos: griechisch für „Pause"

Piaster: Silbermünzen, die damals das Zahlungsmittel in der Türkei waren

Schlangenhorn: Das Horn einer Schlange (zum Beispiel der Hornviper, die jeweils zwei Hörner auf ihrem Kopf trägt) galt als großer Glücksbringer.

Skäisches Tor: Für Schliemann war die Entdeckung des
Skäischen Tores einer der Beweise, dass er den Ort
gefunden hatte, an dem einst Troja gestanden haben
musste. Der Fund der Überreste der Festungsanlage mit
der Burgmauer und dem Skäischen Tor bedeutete für
ihn, dass es die königliche Festung Homers wirklich
gegeben haben musste und sie nicht nur ein Mythos
war. Die von Homer beschriebene Straße führte auf
ebendieses Tor zu. Im Mauerwerk der Festungsanlage
fanden sie einen der größten Goldschätze in der
Grabungsgeschichte. Angeblich ist das Skäische Tor
das einzig akzeptierte Indiz, dass es Troja überhaupt
gegeben haben könnte.

Smyrna: früher eine griechische Stadt in Kleinasien. Der
heutige Name ist Izmir.

Sumpffieber: auch Malaria genannt, ist eine Tropen-
krankheit. Durch den Stich einer weiblichen Stechmü-
cke kann diese Krankheit übertragen werden.

Troas: der antike Name für die Umgebung rund um Troja
südöstlich der Dardanellen (Hellespont) im nordwest-
lichsten Teil Anatoliens (Kleinasien/Türkei)

Zenit: So nennt man es, wenn die Sonne ihren höchsten
Stand am Himmel erreicht hat. Es sieht so aus, als
würde die Sonne genau senkrecht über dem Kopf
stehen.

Zeittafel

06.01.1822   Heinrich Schliemann wird in Neubukow
                   (Mecklenburg) geboren.
1823   Die Familie übersiedelt nach Ankershagen.
1831   Seine Mutter stirbt nach der Geburt des
                   neunten Kindes.
1836   Er beginnt seine Lehrzeit in einem Krämer-
                   laden in Fürstenberg. Wegen eines Lungen-
                   leidens muss er die Lehre als Handelsgehilfe
                   abbrechen.
1842   Er bekommt eine Anstellung als Kontorbote
                   in Amsterdam und lernt in diesen Jahren
                   Englisch, Französisch, Spanisch, Italienisch
                   und Portugiesisch.
1844   Er wechselt den Arbeitgeber und lernt eine
                   weitere Sprache: Russisch.
1846   Im Auftrag seiner Firma gründet und leitet
                   er eine Handelsniederlassung in St. Peters-
                   burg und wird dabei ein erfolgreicher Ge-
                   schäftsmann.
1847   Er eröffnet ein eigenes Handelshaus in
                   St. Petersburg und nimmt die russische
                   Staatsbürgerschaft an.
1850   Er reist nach Amerika und gründet eine
                   Goldgräberbank in Sacramento. Damit ver-
                   doppelt er sein Vermögen.
1852   Rückkehr nach Russland. Er heiratet die
                   Kaufmannstochter Jekaterina Petrowna

Lyshina, mit der er drei Kinder bekommt, und gründet eine Handelsfiliale in Moskau.

1853–1859 Er lernt Schwedisch, Dänisch, Polnisch und Slowenisch, verdient ein Vermögen als Lieferant im Krimkrieg, versucht dann aber, aus dem Handelsgeschäft auszusteigen und sich ausschließlich der Wissenschaft zu widmen. Dafür lernt er Neu- und Altgriechisch und Latein, bereist Europa und den Orient.

1864 Er verlässt Russland und bereist Ägypten, Indien, China, Japan und Nord- und Mittelamerika.

1866–1870 Er studiert an der Sorbonne in Paris, unternimmt Bildungsreisen und identifiziert 1868 auf einer Studienreise nach Griechenland den Hügel Hisarlik als das Troja Homers. Er veröffentlicht sein zweites Buch und wird zum amerikanischen Staatsbürger ernannt. Scheidung von seiner ersten Ehefrau und Heirat mit seiner zweiten Frau Sophia Engastromenos (1852–1932), mit der er zwei Kinder hat: Andromache (1871–1962) und Agamemnon (1878–1954).

1870–1873 Insgesamt drei Grabungskampagnen in Troja

1873 Er entdeckt den sogenannten Schatz des Priamos und führt ihn illegal aus der Türkei aus.

1874 In einem Prozess mit der türkischen Regierung erwirbt er den Schatz gegen eine Zahlung von 50 000 Franc.

1875–1884	Vortragsreisen durch Europa, Grabungen in Italien und weitere Ausgrabungen in Troja. Dazu die ersten Ausgrabungen in Orchomenos, in der das Schatzhaus des Minyas freigelegt wird. Er wird Ehrendoktor der Universität Oxford und Ehrenmitglied des Queen's College.
1884–1890	Beginn der Grabungen in Tiryns. Weitere Ausgrabungen in Orchomenos und Reisen nach Ägypten.
1890	Am 13. November unterzieht er sich einer Ohrenoperation in Halle/Saale und stirbt am 26. Dezember in Neapel auf der Rückreise von Halle nach Athen an den Folgen der Operation.

Heinrich Schliemann – der Wegbereiter der modernen Archäologie

„Gott sei es gedankt, dass mich der feste Glaube an das Vorhandensein jenes Troja in allen Wechselfällen meiner ereignisreichen Laufbahn nie verlassen hat! Aber erst im Herbste meines Lebens sollte ich meine Kinderträume von vor fünfzig Jahren ausführen dürfen."

Heinrich Schliemann

Wer war Heinrich Schliemann?

Heinrich Schliemann träumte bereits als Kind davon, das sagenhafte Troja zu entdecken. Immer wieder hat er die Ilias von Homer gelesen, die griechischen Mythen und Legenden verschlungen und sich ausgemalt, wo die Orte der Helden seiner Kindheit wohl in Wirklichkeit gewesen sein mochten.

Aber sein Lebensweg führte ihn erst über Umwege nach Troja. Nach einer Ausbildung in einem Kolonialwarenladen fuhr er zur See und wollte eigentlich nach Venezuela auswandern. Aber sein Schiff strandete vor der niederländischen Insel Texel. Völlig verarmt und in Existenzangst begann er, für einen Kaufmann in Amsterdam zu arbeiten. Hier zeigte sich, dass er nicht nur ehrgeizig, sondern auch außergewöhnlich klug und geschäftstüchtig war. In nur vier Jahren brachte er sich vierzehn Sprachen bei – ohne dabei auf eine Schule zu gehen.

Schließlich wurde er nach St. Petersburg versetzt und zeigte hier sein Können als Geschäftsmann. Er verstand es, sehr schnell ein Vermögen zu machen. Für kurze Zeit ging er nach Amerika und konnte dort sein Vermögen sogar noch verdoppeln und die amerikanische Staatsbürgerschaft erwerben. Als seine erste Ehe scheiterte, ging er zurück nach Russland. Doch ein Ziel ging ihm nie aus dem Kopf: Troja. Nur wenig später löste er alle seine Handelsniederlassungen auf und konnte nun seinen Traum verwirklichen. Er begann mit den ersten Ausgrabungen.

Der umstrittene Archäologe

So genial Heinrich Schliemann war und so groß seine Entdeckungen bis heute sind, so umstritten war er auch zeit seines Lebens. Die Feldarchäologie steckte damals noch in den Kinderschuhen und war eine Wissenschaft, für die sich nur wenige Menschen interessierten. Heinrich Schliemann war kein Wissenschaftler, aber er besaß grenzenlose Fantasie und konnte mit seiner Begeisterung viele Menschen anstecken. Die akademischen Wissenschaftler allerdings warfen ihm vor, er wäre viel zu unbedacht an die Ausgrabungen gegangen und hätte damit wertvolle Funde zerstört.

Außerdem ließ er sich in den Anfangsjahren auch auf illegale Ausgrabungen ein. Wenn er nicht so erfolgreich gewesen wäre, hätte ihm dies bestimmt größere Schwierigkeiten bereitet.

Doch sein Erfolg bestand vor allem darin, dass er neue Forschungsmethoden einführte, die bis heute in der Archäologie verwendet werden. Beispielsweise die Voruntersuchung des Geländes durch Suchgräben.

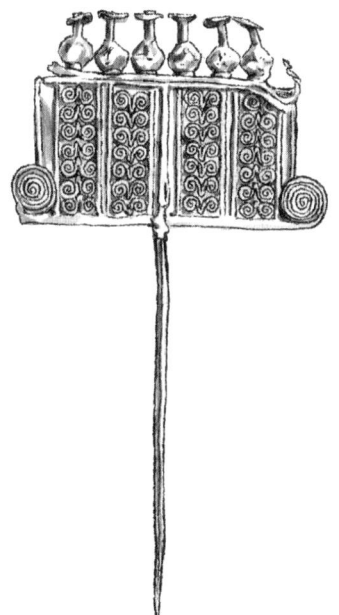

Troja

Seine größte Entdeckung ist die des antiken Troja. Heinrich Schliemann war nicht der Erste, der unter dem Hügel Hisarlik Troja vermutete, aber er war es, der hartnäckig blieb. Anfänglich war die Weltöffentlichkeit noch skeptisch und glaubte ihm nicht. Aber 1873 entdeckte er den Schatz des Priamos und konnte damit die Wissenschaft überzeugen, dass er tatsächlich Troja gefunden hatte.

Bei seinen Grabungen stützte er sich immer wieder auf Homers Beschreibungen von Troja in der Ilias und erklärte schließlich auch, dass es dieses Buch gewesen wäre, das ihm den Weg gezeigt hätte.

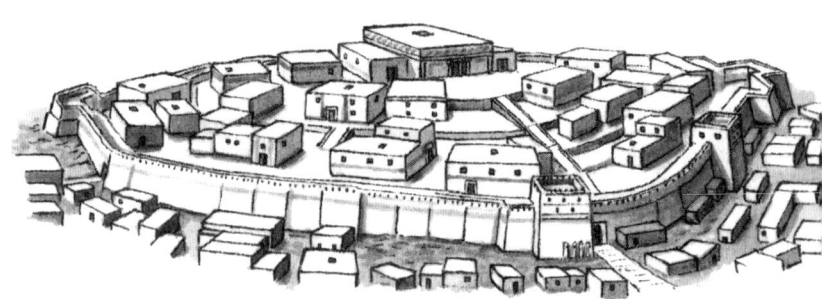

Der Schatz des Priamos

Dieser legendäre Schatz umfasst an die 8 000 Gegenstände aus Gold und anderen Edelmetallen, darunter auch die Krone des Priamos. Heinrich Schliemann schenkte diesen Schatz 1881 dem deutschen Volk, allerdings wurde der Schatz nach dem Zweiten Weltkrieg geraubt und nach Russland gebracht, wo er sich heute noch befindet.

Priamos war in der griechischen Mythologie der sechste und letzte König Trojas. Während seiner Amtszeit kam es zum Trojanischen Krieg.

Homer und der Trojanische Krieg

Man weiß über den Dichter Homer nur sehr wenig. Aber es wird vermutet, dass er aus Smyrna an der Westküste Kleinasiens stammte und um 730 v. Chr. die Ilias und um 700 v. Chr. die Odysee geschrieben hat – beides Werke, die Heinrich Schliemann ein Leben lang begleitet und geprägt haben.

In der Ilias berichtet Homer von der legendären Stadt Troja, die zehn Jahre lang belagert wurde, weil der Sohn des trojanischen Königs die Frau des Königs von Sparta entführt hatte: die schöne Helena. Vorausgegangen ist dieser Geschichte die Hochzeit des sterblichen Helden Peleus mit der griechischen Göttin Thetis. Zu diesem Ereignis waren auch die Göttinnen Hera, Aphrodite und Athene geladen. Nur die Göttin der Zwietracht, Eris, war nicht eingeladen. Aus Wut und Rache warf sie einen goldenen Apfel unter die Gäste. Auf dem Apfel stand „Kallisti" – der Schönsten. Jede der Göttinnen wollte natürlich die Schönste sein und beanspruchte den goldenen Apfel für sich. Um weiteren Streit zu vermeiden, beschloss Göttervater Zeus, dass Paris, der Königssohn von Troja, entscheiden sollte, wer die schönste Göttin war. Jede der drei Göttinnen wollte Paris bestechen, indem sie ihm Macht und Kriegskunst versprachen. Aphrodite allerdings wusste am besten, was Paris sich wirklich wünschte: die schönste Frau der Welt. Paris sprach daraufhin Aphrodite den Apfel zu und fiel bei den anderen Göttinnen in Ungnade. Aber Aphrodite löste ihr Versprechen ein und sorgte dafür, dass sich die schöne Helena, die bereits mit dem König von Sparta verheiratet war, in Paris verliebte. Die beiden flohen gemeinsam nach Troja.

Die Griechen wollten Rache dafür und Troja einnehmen. Doch die Stadt war zu gut befestigt. Also griffen die Griechen zu einer List. Sie bauten ein großes hölzernes Pferd, in dem sich die tapfersten Krieger versteckten. Dieses Pferd schenkten sie der Stadt Troja. Doch als die Trojaner das Pferd in ihre Stadt brachten, wurden sie in der Nacht von den griechischen Kämpfern überfallen. Die Stadt Troja fiel.

Genau daran dachte Heinrich Schliemann, als er das Skäische Tor und den Palast des Priamos entdeckte. Vor seinem geistigen Auge stiegen all die Sagen und Legenden auf, die Homer beschrieben hatte.

Und er konnte beweisen, dass einiges, zumindest was die Örtlichkeit und die Bauten anging, tatsächlich der Wahrheit entspricht.

Bellinda wurde 1969 in Österreich geboren. Schon als Kind hat sie Papier geliebt. Und als sie endlich schreiben konnte, hat sie damit begonnen, das Papier zu beschriften. Irgendwann haben die vielen Buchstaben eine Geschichte ergeben und das hat ihr so gut gefallen, dass sie nicht mehr damit aufhören konnte, weitere Geschichten zu verfassen. Heute schreibt sie jeden Tag, besonders gerne Krimis und historische Erzählungen.

Christoph Clasen wurde 1974 in Hamburg geboren. Er interessierte sich schon früh für Geschichte und Archäologie und so begann er, nach der Schule Archäologie zu studieren. Der Spaß an archäologischen Zeichnungen und die Arbeit im Museum halfen, das anschließende Illustrationsstudium zu finanzieren. Seitdem arbeitet er als Illustrator in einem mit alten Folianten, staubigen Artefakten und geheimnisvollen Dokumenten vollgestellten Atelier in Hamburg.

TATORT
GESCHICHTE

Ratekrimis mit Aha-Effekt!

Spannende Unterhaltung garantieren auch die Ratekrimis der Reihe „Tatort Geschichte". Einen Auszug aus „Überfall im Heiligen Hain" von Renée Holler findest du auf den folgenden Seiten.

Alruns Töpfe

Hinter dem Steinaltar lag eine Frau flach auf dem Bauch, die Arme weit von sich gestreckt. Es war Alrun. Gelsa beugte sich über sie, während die anderen betroffen danebenstanden.

„Ist sie tot?", fragte Ragin leise.

Das Mädchen schob ihr Ohr dicht neben Alruns Gesicht und lauschte. Erst nach einer Weile, die den anderen wie eine Ewigkeit erschien, blickte sie auf.

„Sie lebt."

Alle atmeten erleichtert auf.

Sunja, die sich neben Gelsa gekniet hatte, hielt sich erschrocken die Hand vor den Mund. „Das sieht ja schrecklich aus!" Sie hatte erst jetzt die klaffende Wunde auf Alruns Kopf entdeckt.

Gelsa nickte. „Wir brauchen Wasser, um sie auszuwaschen", erklärte sie. „Das Blut ist bereits angetrocknet. Das bedeutet, dass sie schon länger hier liegt."

„Wie ist das nur passiert?" Sunja war immer noch bestürzt. „Ist ihr etwas auf den Kopf gefallen?"

„Sieht eher danach aus, als hätte sie jemand von hinten angegriffen und bewusstlos geschlagen", überlegte Hakon. „Danach hat er sich mit den Pferden davongemacht." Er sah sich um. „Wir sollten uns umsehen, ob der Täter Spuren hinterlassen hat."

Während die Mädchen sich um die ohnmächtige Frau kümmerten, untersuchten die Jungen den Tatort. Zunächst fiel ihnen nichts Verdächtiges auf, bis Ragin etwas im Brombeergestrüpp neben dem Gatter bemerkte. Dort lag ein armdicker Ast, der nicht dorthin gehörte. Tatsächlich war er an einem Ende mit Blut verschmiert. Das musste die Tatwaffe sein!

Hakon blickte nur kurz auf den Ast. Etwas anderes hatte sein Interesse erweckt. Aus den Augenwinkeln hatte er neben Alruns Hütte eine Bewegung wahrgenommen. Doch der Bau lag nicht nur am anderen Ende der Lichtung, sondern dazu im Schatten, sodass man das Umfeld nicht deutlich erkennen konnte. War es nur eines der Schweine, das dort im Dreck wühlte?

„Da ist jemand!", rief er aufgeregt. Ein dunkler Schatten war aus der Tür geschlüpft und schob sich dicht an der Hauswand entlang. Es war ein Mann, sein Gesicht unkenntlich, doch er hinkte unübersehbar. Das rechte Bein hinter sich herziehend, verschwand er gleich darauf zwischen Hütte und Zaun.

„Schnell hinterher!", wies Hakon den jüngeren Bruder an und rannte los. Doch als sie schließlich

hinter dem Haus ankamen, war dort bis auf ein paar
Fliegen, die um einen Abfallhaufen surrten, nichts zu
sehen.

„Spurlos verschwunden", stellte Ragin fest. „Vielleicht war es ein Gestaltenwandler, wie unser Gott
Wodan, der von einer Gestalt in die andere schlüpfen
kann."

„Ach ja?", erwiderte Hakon spöttisch. „Ein hinken-
der Gott, der sich in eine Fliege verwandelt hat.
So ein Unsinn. Nein, der war nur trotz seines Hinke-
beines schneller als wir." Er stellte sich auf die Zehen-

spitzen, um über den Zaun zu spähen. Doch sie waren zu spät. „So ein Mist", meinte er enttäuscht. „Der ist uns durch die Lappen gegangen."

Niedergeschlagen kehrten sie zu Sunja und Gelsa zurück. Die Mädchen hatten inzwischen Alruns Kopfwunde sorgfältig ausgewaschen, allerdings war die Frau immer noch bewusstlos.

„Es geht ihr nicht gut", erklärte Gelsa. „Sie glüht vor Fieber! Wir müssen sie so schnell wie möglich ins Dorf bringen!"

„Wäre es nicht einfacher, Hilfe aus dem Dorf zu holen?", meinte Hakon.

Gelsa schüttelte den Kopf. „Das dauert zu lange. Außerdem ist sie im Dorf sicherer aufgehoben. Es ist zu gefährlich hier. Was, wenn der Attentäter zurückkommt?"

Hakon musterte die Priesterin mit gerunzelter Stirn. „Sie ist zu schwer. Das schaffen wir nie." Dann hatte er eine Idee. Sigurd, der Köhler, lebte ganz in der Nähe. Er stellte im Wald Holzkohle für die Schmiede her. Der Junge wusste, dass der Mann einen Ochsenkarren besaß. Mit dem wäre es leicht, Alrun ins Dorf zu bringen.

„Ihr bleibt bei ihr", wies er die Mädchen an. „Ragin und ich holen den Köhler." Er blickte sich um. „Freki und die Schweine müssen wir allerdings hierlassen. Hoffentlich richten sie nicht zu viel Unheil an."

Schon einen Augenblick später waren die Jungen unterwegs. Es dauerte nicht lange und scharfer Rauchgeruch kündigte die Meiler an, noch bevor man sie sehen konnte.

„Es kann nicht mehr weit sein", sagte Ragin, während er sich die brennenden Augen rieb. Und wirklich, bereits an der nächsten Wegbiegung tauchten die kegelförmigen Hügel, in denen Holzkohle schwelte, vor ihnen auf. Dicker weißer Qualm drang aus den Spitzen. Sigurd und sein Knecht waren gerade dabei, Holz für einen neuen Meiler aufzuschichten, und hatten angefangen, den Kegel mit Erde und Moos zu bedecken.

„Die heiligen Pferde sind verschwunden", rief Hakon ohne Umschweife. „Alrun wurde angegriffen und ist verletzt. Sie muss schnellstens ins Dorf gebracht werden."

Sigurd verstand sofort, dass Eile geboten war. Er gab dem Knecht Anweisungen, sich um die Meiler zu kümmern, und holte den Ochsen, der neben seiner Hütte an einem Pfosten angepflockt war.

„Geht sofort zurück zum Heiligen Hain", befahl er den Jungen, während er dem Tier das Jochgeschirr

überstülpte. „Falls der Täter zurückkommt, brauchen die Mädchen Verstärkung. Ich werde euch, sobald ich den Ochsen angespannt habe, mit dem Karren folgen."

„Alrun ist aufgewacht", begrüßte Sunja die Jungen, die sich beeilt hatten, in den Heiligen Hain zurückzukehren.

„Wie geht es ihr?"

„Nicht gut", flüsterte Gelsa. „Sie hat hohes Fieber und die Wunde gefällt mir ganz und gar nicht."

Die Mädchen hatten der verletzten Frau Moos als Stütze unter den Rücken geschoben. Gelsa hielt ihr gerade einen Becher Wasser an den Mund, den Alrun gierig austrank. Anschließend lehnte sich die Kranke erschöpft auf ihr Moosbett zurück. Dabei bewegte sie lautlos ihre Lippen.

„Sie will uns etwas mitteilen", meinte Hakon. „Vielleicht weiß sie, wer die Pferde gestohlen hat."

TATORT GESCHICHTE

Historische Ratekrimis

Geschichte erleben und verstehen!

Weitere Titel aus der Reihe:

· Der Mönch ohne Gesicht
· Gefahr für den Kaiser
· Spurensuche am Nil
· Anschlag auf Pompeji
· Falsches Spiel in der Arena
· Fluch über dem Dom
· Der Geheimbund der Skorpione
· Rettet den Pharao!